말씀 앞에 머물다

말씀 앞에 머물다

지은이 | 박신일
초판 발행 | 2024. 1. 24
등록번호 | 제1988-000080호
등록된 곳 | 서울특별시 용산구 서빙고로65길 38
발행처 | 사단법인 두란노서원
영업부 | 2078-3352   FAX | 080-749-3705
출판부 | 2078-3331

책 값은 뒤표지에 있습니다.
ISBN 978-89-531-4789-8 03230

독자의 의견을 기다립니다.
tpress@duranno.com   http://www.duranno.com

두란노서원은 바울 사도가 3차 전도여행 때 에베소에서 성령 받은 제자들을 따로 세워 하나님의 말씀으로 양육하던 장소입니다. 사도행전 19장 8-20절의 정신에 따라 첫째 목회자를 돕는 사역과 평신도를 훈련시키는 사역, 둘째 세계선교(TIM)와 문서선교(단행본·잡지) 사역, 셋째 예수문화 및 경배와 찬양 사역, 그리고 가정·상담 사역 등을 감당하고 있습니다. 1980년 12월 22일에 창립된 두란노서원은 주님 오실 때까지 이 사역들을 계속할 것입니다.

말씀 앞에 / 머물다

하나님과
나의
일대일
부흥회

박신일
지음

두란노

차례

나의 길을 멈추다

**"그의 소리가 온 땅에 통하고 그의 말씀이 세상 끝까
지 이르도다"** (시 19:4a).

아마존의 부족민 한 사람을 영국 런던에 데려와서
아무런 설명 없이 광장에 내려놓고 홀로 남겨 둔다
면 매우 무자비한 짓일 것이다.
마찬가지로 우리가 이 세상의 주인이시며 이 세상
을 운행하시는 하나님에 대해 모르는 채로 살려고
애쓴다면 우리 자신을 무자비하게 대하는 것이다.

- 제임스 패커,《하나님을 아는 지식》(IVP) 중에서

기독교 신앙의 근간은 하나님의 말씀입니다. 믿음은

들음에서 나며 들음은 그리스도의 말씀으로부터 옵니다. 하나님의 말씀은 기독교 신앙을 잉태하게 하는 산실입니다. 그리고 그 말씀의 중심에 성부, 성자, 성령 하나님이 계십니다.

신앙생활의 여정 속에서 제가 아주 오랫동안 고심해 온 과제가 있습니다.

"어떻게 한 사람의 그리스도인이 하나님의 말씀을 읽고 묵상하는 과정을 통해 말씀에 담긴 의미를 깊이 깨달아 갈 수 있는가? 그 깨달음을 통해 삶이 변화될 수 있는가? 그리스도인 개개인이 홀로 말씀을 깨닫는 것은 가능한가?"

이런 질문을 가지고 말씀 묵상을 해오면서 발견한 사실은, 하나님이 눈을 열어 주실 때 우리가 말씀을 깨달을 수 있다는 것입니다. 말씀이 깨달아질수록 '여호와의 율법을 즐거워한다'는 시편 1편의 말씀이 실제가 된다는 사실입니다. 묵상 중에 깨닫게 해 주신 말씀은 울림이 되어 마음속에 새겨지는 경험을 했기 때문입니다. 말씀 묵상의 과정은 수동태라는 것을 배우게 되었습니다.

사실, 말씀 묵상(큐티)을 잘 하도록 돕기 위해 너무 구체적인 형식을 만들어 그 답을 찾아가도록 안내하면 자칫 묵상을 제한할 수 있습니다. 너무 정형화된 틀을 따라 숙제처럼 큐티를 하면 '하나님과의 만남'이라는 큰 그림을 놓칠 수 있습니다. 오히려 묵상을 자신이 주도하게 됨으로써 마치 깨달음의 근거가 본인의 능력에 달린 것으로 오해할 수도 있습니다. 성실하게 매일 하는 묵상은 유익하지만, 그것을 학습이나 숙제로 여길 때 쉽게 피곤하고 지칠 수 있으며, 반대로 매일 지키는 것이 자신의 의(義)나 자랑이 될 수 있습니다.

하나님은 우리를 있는 모습 그대로 사랑하십니다. 우리의 존재 자체를 소중히 여기십니다. 심지어 말씀 묵상을 못 하고 살 때에도 그 사랑은 변함이 없습니다. 그런 우리들이 매일 말씀 묵상을 한다면 얼마나 놀라고 기뻐하시겠습니까?

먼저 하나님의 사랑 안에서 자유함을 누리시기 바랍니다. 그 자유함 속에서, 하나님을 사랑하기 때문에 그 주님을 만나 그분의 음성에 귀를 기울이려는 것이 우리의 말씀 묵상이 되어야 합니다. 그때 우리는 하나님이 우리 각자에게 하시는 말씀을 들을 마음의 준비를 할 수 있습니다. 말씀 묵상은 우리를 사랑하시는 하나님을 만나러 가는 시간입니다.

말씀 묵상의 최선의 길은 성경을 읽는 것입니다. 그저 말씀을 하나님이 우리에게 쓰신 편지처럼 읽어 가면 됩니다. 말씀을 읽어 나가는 중에 어떤 구절이 하나님이 자신에게 하시는 말씀이라고 깨닫게 되는 순간, 그곳에서 멈추게 될 것입니다. 그리고 그 말씀은 마음속에 새겨져 내 기도 제목이 되고 내 삶을 향한 말씀이 됩니다. 그 말씀이 내 안에서 살아서 역사하는 경험을 하게 됩니다. 말씀 묵상은 하나님이 나를 빚어 가시는 시간이고 나를 변화시키는 자리입니다.

말씀 묵상은 자전거를 타고 말씀의 트럭에 부딪치는 것과 같습니다. 놀라운 사실은 그때 자신이 다치는 것이 아니라 오히려 치료되고 변화되는 일이 일어난다는 것입니다. 바로 그 지점이 묵상의 자리입니다. 우리 모두 이런 놀라운 묵상의 시간과 자리를 경험하게 되기를 소망합니다.

2024년 1월
박신일

진리는 가장 소박한 옷을 입고 있는 상태에서도 가
장 아름답게 돋보입니다. 하나님의 진리는 스스로
를 돋보이게 하려고 재치 있는 말이나 화려한 수사
법을 구사하지 않습니다. 진주에 자수를 놓거나 황
금에 색을 입힐 사람이 누가 있겠습니까? […]
그리스도인이 진리를 꾸미고 장식하는 것을 좋아
한다면, 그것은 영혼이 병들었다는 증거입니다. […]
현란한 수사법은 사람들의 허황된 생각을 만족시킬
수 있을지도 모릅니다. 그러나 이것이 세상 끝 날에
그리스도의 영적 수확량을 줄어들게 할까 몹시 걱
정됩니다.

- 토마스 왓슨, 《묵상의 산에 오르라》(생명의 말씀사) 중에서

말씀 묵상을 깊이 있게 하고, 하나님이 자신에게 주시는 말씀을 바르게 깨닫기 위해서는 기초가 견고해야 합니다. 그 기초에는 세 가지 요소가 있습니다.

첫째, 성경을 보는 올바른 관점입니다. 어떤 안경을 쓰고 보느냐에 따라 성경 해석은 달라집니다. 복음주의적 관점은 성경 전체를 하나의 거대한 이야기(Meta-Narrative), 즉 '구속사적 관점'으로 보는 것입니다. 그때 성경은 창조, 타락, 구속, 완성이라는 흐름으로 이어져 있음을 발견하게 됩니다. 성경 전체의 흐름에 대한 이해가 묵상의 바탕이 되어 있을 때, 개인의 묵상과 해석이 잘못된 방향으로 가는 것을 예방할 수 있습니다.

둘째, 성경 통독을 병행할수록 묵상을 깊이 있게 할 수 있습니다. 말씀은 말씀으로 해석될 수 있습니다. 성경 전체를 많이 읽은 사람이 묵상을 더 깊이 할 수 있다는 것은 자명한 사실입니다. 묵상이 개인적으로 자신에게 주시는 말씀을 깨달아 가는 시간이라면, 성경 통독은 하나님의 말씀 내용 전체를 알아 가는 과정입니다. 성경의 내용을 이해하는 것이 말씀 묵상을 깊이 있게 하는 토대가 됨을 잊지 말아야 합니다.

셋째, 하나님이 주시는 말씀을 들으려는 마음의 태도입니다. 묵상은 숙제가 아닙니다. 주어진 본문을 잘 요약하고 결론을 짜내려는 노력이 아닙니다. 문학적으로 내용을 잘 정리해서 표현하는 것은 더욱 아닙니다. 오히려 말씀 앞에서 하나님이 자신에게 말씀하시는 메시지를 깨달아 가는 과정입니다. 묵상의 기초는 자신의 능력이 아니라 하나님의 음성에 귀를 기울이는 마음과 그 태도여야 합니다.

BST 성경 강해 시리즈 〈요한복음〉의 저자 브루스

밀른(Bruce Milne) 목사님은 은퇴할 때까지 밴쿠버의 한 교회에서 사역하셨습니다. 저는 스코틀랜드 출신인 밀른 목사님과 함께 단기 선교를 다녀온 적이 있습니다. 같은 방을 쓰며 함께 지내는 동안, 밀른 목사님은 사십 대였던 저에게 자신의 묵상 방법에 대해 이야기해 주셨습니다. 밀른 목사님이 '맥체인 성경 읽기'의 나라 출신이어서 저는 더 주의 깊게 그 이야기에 귀를 기울였습니다.

그는 주로 아침에 말씀 묵상을 하는데, 묵상하는 시간이 일정하지 않다고 했습니다. 그 이유는 그의 말씀 묵상이 일정한 분량을 읽는 것에 초점을 두지 않고, 오늘 주님이 자신에게 하시는 말씀이 있을 때까지 읽는 방식이었기 때문입니다. 그래서 어느 날은 30분 정도 묵상하기도 하고, 또 어느 날은 두 시간을 넘기기도 한다고 했습니다. 밀른 목사님에게 말씀 묵상의 정의는 '하나님이 나에게 하시는 말씀을 듣는 것'이었습니다.

그렇습니다. 그것이 묵상의 본질입니다. 묵상의 초점은 내가 해야 할 숙제를 하는 것이 아니라 주님이 오늘 나에게 하시는 말씀을 듣는 것에 있습니다.

저는 기독교 영성의 역사와 그 유산 위에서 말씀 묵상을 보다 깊이 있게 할 수 있기를 오랫동안 소망했습니다. 말씀 묵상을 주제로 교회에서 강의를 진행했고, 그 내용을 책으로 엮게 되었습니다.

이 책의 목적은 묵상을 깊이 하는 또 다른 방법론을 소개하려는 것이 아닙니다. 말씀 묵상이 의무나 숙제가 아니라 하나님을 만나는 감격이고 경이로움이라는 사실을 알고, 그 기쁨을 함께 나누려는 것입니다. 묵상의 기쁨 속에서 하나님을 더 사랑하게 되고 엎드려 기도하게 되므로, 묵상의 자리는 성숙의 자리가 될 것입니다.

이 책은 묵상을 하면 누구나 경험하게 되는 과정을 정리한 것으로, 모두 4장으로 구성되어 있습니다.

1장에서는 '말씀 묵상은 기다림'임을 다룹니다. 결론을 내기 위해 쫓기는 묵상이 아니라 말씀 앞에서 멈추어 기다리는 것에 대해 나누려 합니다. 하나님이 우리의 눈을 열어 주실 때까지 기다리는 법을 배우며, 진정한 묵상의 자리로 나아가게 돕는 장입니다.

2장에서는 '말씀 묵상은 깨달음'임을 다룹니다. 여기서는 말씀 묵상의 시간이 어떻게 하나님과 만나는 경이의 시간이 되는가를 이야기합니다. 묵상의 경이로움은 말씀을 깨닫게 되는 순간 찾아옵니다. 성경을 읽는 중에 그 말씀이 마치 나에게 직접 말씀하시는 것처럼 다가오는 것입니다. 그래서 그 말씀에 내가 부딪치는 체험을 하게 됩니다. 말씀에 부딪쳐서 내가 부서질 것 같지만 오히려 치료되고 변화되는 일이 일어납니다. 그때 말씀 묵상은 하나님을 만나는 현장이 됩니다. 모두 묵상을 통해 그 경이와 전율을 체험하기를 바랍니다.

3장에서는 '말씀 묵상은 엎드림'임을 다룹니다. 깨달음의 결과는 하나님 앞에 홀로 엎드리는 것입니다. 자신을 안아 주시는 하나님을 만나서 그렇고, 내 죄를 칼로 도려내는 말씀을 만나서 그렇습니다. 묵상의 적용은 기도의 자리여야 합니다. 묵상의 적용을 사람들과 나누는 데에만 초점을 두면, 인위적인 적용을 하거나 적용거리를 찾아야 하는 압박과 부담으로 흘러갈 수 있습니다. 적용은 머리가 아니라 삶으로 해야 합니다. 엎드려 기도

할 때 가능한 일입니다. 모든 말씀이 지금 바로 적용되는 것은 아닙니다. 깨달음이 올 때 그 말씀은 가슴에 새겨져 삶의 원칙으로 자리잡습니다. 하나님이 '그래도 된다고 생각했던 삶의 습관을 송두리째 버리고 다시 출발하라'는 말씀으로 찾아오실 때, 그 앞에 엎드리지 않을 사람은 없습니다. 엎드림은 말씀이 적용되는 현장입니다. 묵상하는 자의 축복은 기도를 배우는 것입니다.

마지막 4장에서는 '말씀 묵상은 닮아감'임을 다룹니다. 닮아감은 '변화'입니다. 묵상의 깨달음과 그것을 붙들고 기도한 결과 우리는 주님을 닮아가게 됩니다. 묵상의 목적은 나의 유익이 아닙니다. 하나님의 영광입니다. 우리 한 사람, 한 사람이 하나님의 영광의 도구로 빚어지는 것입니다. 만일 내가 변화되지 않는 묵상을 계속하고 있다면, 혹은 묵상의 경력을 자랑만 하고 있다면 그런 묵상은 멈추어야 합니다. 묵상을 깊이 하면 할수록 날마다 낮아지고 새로워질 것입니다. 깊은 묵상과 깨달음을 통해 삶의 모습이 변화되고, 더욱더 주의 말씀을 묵상하기를 즐거워하는 복을 누리시기 바랍니다.

이 책의 결론은, '말씀 묵상은 하나님과의 성만찬'으로 귀결됩니다. 성만찬은 이 세상 한가운데에서 주님을 기억하는 시간입니다. 말씀 묵상은 매일 세상을 걸어가는 그리스도인이 하나님과 일대일로 만나, 하나님이 베풀어 주시는 영혼의 양식을 먹는 성만찬의 시간입니다. 이 거친 인생길에서 매일 영혼의 양식을 먹음으로 힘을 얻어, 연약한 무릎이 세워지고 순종을 향한 걸음을 힘차게 내딛게 되기를 소망합니다.

1장

말씀 묵상은
기다림입니다

기다림이 있는 곳에
깨달음이 있습니다.

하나님이 말씀하시는 곳,
바로 주님의 마음을 만나는 곳에
이르게 하옵소서.

내 눈을 열어서
주의 율법에서
놀라운 것을 보게 하소서

(시 119:18)

묵상이란 읽거나 들은 내용을 마음속에 부지런히 되새기고 곰곰이 생각하여, 특정 방향으로 내 감정에 불을 지피고 이해를 깨우는 과정이다.

- 기어트 저볼트 반 주트펜(Geert Zerbolt van Zutphen, 1367-1400)

묵상이란 성경 본문이 내게 영향력을 입혀 "감정에 불을 지피고" -얼마나 멋진 표현인가!- "이해를 깨우는 과정"이다. 그러기 위해서는 머리만이 아니라 가슴이 함께 섞여야 한다. 이해와 감정의 세계가 하나로 만난다. 거기서 훨씬 진실하고 만족스러운 신앙 생활의 길이 열린다.

- 앨리스터 맥그라스, 《내 평생에 가는 길》(복있는사람) 중에서

말씀 묵상은 매일 하는 숙제가 아니라 주님과의 만남입니다. 숙제처럼 묵상을 하면 끝맺는 것이 중요하지만, 주님과 만나기 위해 묵상하면 하나님의 말씀을 듣는

것이 더 소중하게 느껴집니다. 말씀 묵상은 사람들에게 인정받기 위해 답을 찾는 과정이 아니라 사랑하는 하나님 아버지가 나에게 말씀하시는 메시지를 들으려는 시간입니다.

고등학생 시절, 하루는 갑자기 담임 선생님이 저를 부르시더니 외국에서 제 앞으로 편지가 왔다며 전해 주셨습니다. 유럽 방문 중이던 아버지가 제가 다니던 학교로 보내신 편지였습니다. 그 당시 아버지는 강원도에서 목회를 하셨고, 저는 서울에서 학교를 다니느라 부모님과 떨어져 지내고 있었습니다. 그 편지를 받고, 평생 제기억에 남은 것은 하나였습니다. 아버지가 나를 사랑하신다는 사실입니다.

성경을 읽는 자에게 주시는 기쁨 중 하나는 우리가 하나님의 사랑 안에 있음을 확인하는 것입니다. 말씀을 묵상하는 목적 중 하나는 우리가 그 사랑을 깨달음으로 하나님을 더 신실하게 사랑하는 사람으로 변화되어 가는 것입니다.

우리는 말씀 묵상을 할 때, '어떻게 묵상을 잘할 것인가'라는 방법론보다 '하나님은 우리가 어떤 사람이 되기를 원하시는가'라는 하나님의 소원, 즉 사랑에서 비롯되는 하나님 아버지의 마음에 초점을 두어야 합니다. 이것은 말씀 묵상의 과정을 통해 주님과 더 친밀한 관계 속으로 들어가는 데 관심을 두는 것입니다.

지나치게 정형화된 묵상 방법론에 묶이기보다는 하나님을 만나러 가는 기대와 설렘을 가지고 말씀 앞에 나아가야 합니다.

우선 자기 방식대로 자유로운 말씀 묵상을 먼저 해 보시기 바랍니다. 이것은 방법론에 묶여 창의적 상상력이나 성령의 깨닫게 하심이 제한받지 않도록 하기 위함입니다. 부모님이 써 주신 편지를 읽을 때 어떻게 읽을지 방법론을 생각하며 읽지는 않습니다. 나에게 부모님의 편지가 왔다는 것이 그 무엇보다 중요합니다. 그 편지를 읽으면 누구나 부모님이 무엇을 말씀하시는지 알 수 있습니다. 분석보다 더 중요한 것은 편지를 쓰신 분의 마음을 헤아리는 것입니다.

말씀 묵상은 홀로 말씀을 읽고 주님이 각자에게 하시는 말씀을 깨닫는 과정이므로, 자의적 해석이나 잘못된 해석으로 빠질 수 있는 위험성을 항상 조심해야 합니다. 자유롭고 깊은 묵상이 지나치게 주관적이거나 개인의 취향으로 흘러가지 않기 위해서는 성경 전체를 하나님의 구속사적 관점에서 볼 필요가 있습니다. 성경 전체를 하나님이 써 가시는 하나의 거대한 이야기(Meta-Narrative)로 보는 것입니다. 이 세상을 창조하신 창조주 하나님이 타락한 인류를 구속하시려는 구속사적 관점으로 성경을 읽고 묵상할 때, 자의적으로 해석하는 오류에서 벗어날 수 있습니다.

이제부터 이어지는 내용은 하나님이 우리에게 하시는 말씀을 잘 듣기 위한 길을 돕고 그 과정을 나누려는 것입니다. 하나님의 말씀을 자유롭고 깊이 있게 묵상할 수 있도록 안내하는 것이 핵심입니다. 자신이 살아가는 삶 속에 말씀으로 오시는 주님을 깊이 만나는 은혜의 문이 열리기를 바랍니다.

말씀 묵상은
매일 하는 숙제가 아니라
주님과의 만남입니다.

'말씀'이라는 트럭에 직접 부딪쳐 보십시오

김치를 담그는 법은 다양하게 배울 수 있습니다. 먼저, 학습으로 배우는 길이 있습니다. 예를 들면, 배추 몇 킬로, 소금 몇 컵, 무 몇 개, 고춧가루 몇 컵, 젓갈 얼마, 다진 마늘, 생강 등 들어가는 재료를 계량해서 김치를 담글 수 있습니다.

또 다른 길은 어머니들이 직접 전수해 주는 방법입니다. 어머니들은 싱싱하고 좋은 배추를 사서 소금으로 적당히 절이라고 말씀하십니다. '적당히'라는 어머니들의 말 속에는 오랫동안 김치를 담가 온 경험이 녹아 있습니다. 김치를 맛있게 담그는 최고의 비법은 함께 김치를 담가 보는 것입니다. 함께 김치를 담그며 맛있는 비율을 배워가기 때문입니다. 김치를 맛있게 담그는 어머니 밑에서 자란 자녀는 그 맛을 낼 가능성이 매우 높습니다. 먹어 봤기 때문입니다.

그리스도인이 더 깊이 있게 말씀 묵상을 할 수 있는 길은 무엇일까요? 정형화된 틀과 방법론을 따라 하는 방식보다는 말씀을 읽으면서 주님을 생각하는 자유로운 방식이 더 깊이 있는 묵상으로 인도할 가능성이 높습니다. 음식을 만들 때 조금 짜게도 해 보고, 달게도 해 보면서 간이 딱 맞는 깊은 맛을 찾아가듯이, 스스로 자유롭게 말씀을 읽고 묵상하며 배우는 과정 속에서 말씀이 열리는 놀라운 선물을 발견하기 때문입니다.

물론 신앙의 선배나 친구 혹은 지도자들을 통해 자연스럽게 묵상을 배워가는 과정도 필요합니다. 하지만 정형화된 방법론과 틀에 맞추어 반복하는 묵상은 숙제나 임무를 완수하는 경향으로 흘러가기 쉽습니다. 묵상을 학습적으로 배우면, 말씀을 읽는 순간 자꾸 답을 찾으려 합니다. 학습 방법에 맞추어 성경을 요약하거나 의미를 짜내려 하는 성향이 생길 수 있습니다.

말씀 묵상은 성경 본문의 주제를 멋지게 표현해내는 문학 수업이 아닙니다. 학습으로 묵상을 배우면 누가 더 잘했는지 점수를 매기고 싶어집니다. 그러나 말씀 묵상의 목적은 하나님의 말씀에 귀를 기울이는 것과 주신 말씀 앞에 엎드려 자신의 삶을 주님께로 돌이키는 것에 있습니다.

묵상은 내가 자전거를 타고 말씀이라는 트럭에 부딪치는 사건입니다. 정면충돌하는 것입니다. 그렇게 하기 위해 먼저 하나님의 말씀 앞에 홀로 서야 합니다. 말씀 속에서 외치고 계신 주님의 음성을 들을 수 있어야 합니다. 듣기 위해서는 기다릴 줄 알아야 합니다. 주어진 틀에 답을 적거나 어떤 형식에 맞춰 정리하기 위해 요약하는 것이 아니라 말씀 앞에 내가 벌거벗은 채 드러나야 합니다. 그러므로 말씀 묵상은 나 자신이 하나님을 홀로 만나러 가는 시간, 즉 주님과 나만의 일대일 부흥회가 시작되는 시간입니다.

그런 점에서 극단적으로 표현하자면, '묵상은 자기 멋대로 하는 것'입니다. 누군가 만들어 놓은 형식에 갇히지 말라는 뜻입니다. 왜냐하면 성경을 읽는 사람의 상황이 모두 다르기 때문입니다. 사람들이 처한 현실과 그 위치가 다르기 때문에 같은 본문을 읽어도 깨닫는 바가 다를 수 있습니다.

우리는 사람들이 모여 있는 곳에서는 비교적 객관적인 대화를 하게 됩니다. 모임의 정보나 그동안 벌어진 객관적 사실을 나눕니다. 하지만 친한 친구 두 사람이 만나면 대화는 주관적이 되고 깊어질 수 있습니다. 예를 들면, 한 사람이 친구에게 "왜 네 마음에 분노가 있니?"라는 질문을 할 수 있습니다. 그때 그 말을 들은 친구는 언젠가 받은 상처를 끄집어내며 자신의 마음을 고백할 수 있습니다. 이것은 둘 사이에 가능한 대화입니다.

묵상은 객관적인 정보를 나누는 시간이 아닙니다. 하나님의 말씀이 비수처럼 내 가슴을 찌르고 수술하는 시간입니다. 때론 찢어지고 깊게 파인 내 상처를 싸매 주시는 치유의 시간이기도 합니다. 그래서 묵상은 주어진 틀에 따라 답을 찾는 형식이 되면 얕은 데서 머물 뿐 깊어지기 어렵습니다. 말씀을 읽고 자신의 모습 그대로 주님의 말씀 앞에 서야 합니다. 그리고 주님께서 눈을 열어 주셔서 깨닫게 해 주시기를 구해야 합니다. 그때 가장 필요한 것이 바로 "기다림"입니다. 묵상을 과제처럼 빨리 해치우려 하면 얕아지지만 기다리면 풍성해집니다.

말씀 묵상은 나 자신이 하나님을
홀로 만나러 가는 시간,
즉 주님과 나만의 일대일 부흥회가
시작되는 시간입니다.

기다릴수록 묵상은 깊어집니다

성경에는 예수님이 고쳐 주신 몇 명의 맹인 이야기가 나옵니다. 마가복음 10장에서 바디매오는 예수님이 자기 동네를 지나가신다는 말을 듣고 "나를 불쌍히 여기소서" 하며 소리를 질렀습니다. 자신을 불쌍히 여겨 달라는 바디매오의 외침을 들은 예수님은 그의 눈을 고쳐 주십니다. 요한복음 9장에 나오는 사람은 나면서부터 맹인인데, 특이하게 예수님과 제자들이 그를 찾아가서 고쳐 주십니다. 마가복음 8장에는 사람들이 한 맹인을 예수님에게 데려와서 고쳐 주시기를 구하여 그의 눈이 낫는 이야기가 나옵니다.

묵상은 이 각각의 이야기를 분석하고 차이점만을 정리하는 것이 아닙니다. 묵상은 각 이야기마다 그 속에 담긴 하나님의 마음을 헤아리기 위해 기다려 보는 것입니다. 그리고 그 이야기를 통해 나에게 무엇을 말씀하시고자 하는지를 찾고 구하는 과정입니다.

먼저, 바디매오는 다윗의 자손 예수를 부르며 "나를 불쌍히 여기소서"라고 소리칩니다. 사람들이 조용히 하라고 꾸짖지만 그는 더 크게 소리 지릅니다. 왜냐하면 문제를 가진 이가 자신이기 때문입니다. 다른 사람은 소리치지 않아도 되지만 자신은 소리쳐야 그분을 만날 수 있기 때문입니다. 놀라운 사실은 그때 예수님이 가던 길을 멈추셨다는 것입니다. 그리고 그 사람을 데려오라고 하십니다. 예수님은 분명히 제자들과 가려고 했던 목적지가 있었습니다. 그러나 우리 주님은 한 사람 때문에 가던 길을 멈추실 수 있는 분입니다.

이 말씀을 깨닫는 깊이는 상황이나 연령에 따라 다를 수 있습니다. 이 말씀을 묵상하던 중 주님이 깨닫게 하시는 마음이 있었습니다. '나는 네가 부르짖으면 멈출 거란다.' 그리고 저를 위해 멈추어 주실 주님이심을 보여 주셨습니다. 이 깨달음은 저의 기도가 더 실제가 되게 하는 은혜였습니다. 켄 가이어는 이렇게 고백했습니다. "화려한 언변이 아닐지라도, '하나님, 불쌍히 여겨 주세요'와 같이 짧고 간단한 기도를 주님은 기뻐 들으신다"(켄 가이어, 《폭풍 속의 주님》, 두란노). 그의 고백은 저에게도 동일하게 적용되었습니다.

요한복음 9장에 나오는 맹인은 주님을 찾지도 않았습니다. 예수님이 제자들과 길을 가시다가 그를 보았을 뿐입니다. 그렇다면 예수님은 왜 길을 가다가 주님을 부르지도 않은 그 맹인을 찾아가시는 걸까요? 묵상을 할 때는 "왜?"라는 질문이 중요합니다. 그 질문은 하나님이 주시는 응답을 기다리게 하기 때문입니다. 왜 바디매오는 소리칠 때 만나 주셨는데 이 맹인은 주님이 먼저 찾아가신 것입니까? 이 질문을 묵상하면서 주님이 주시는 답을 기다렸습니다.

그때 이런 생각이 들었습니다. '이 맹인을 위해 기도한 사람들이 있었구나! 지금까지 이 한 사람을 위한 많은 이들의 기도가 쌓인 것은 아닐까?' 이러한 영적 상상력은 말씀을 깨달아 가는 데 도움을 주곤 합니다. 바울에게 찾아가셨던 주님이 떠올랐습니다. 초대 교회 성도들을 핍박하던 바울을 위해 얼마나 많은 교회가 기도했겠습니까? 그때 우리 주님이 빛을 비추시고 그를 쓰러뜨리신 후 그 앞에 가서 서시지 않았습니까? 실로암의 맹인 한 사람을 위해 기도하는 사람들을 상상해 볼 수 있는 장면입니다. 이것을 깨닫게 될 때 기도의 소중함이 마음속에 새겨집니다.

물론 이 같은 응답은 신학적인 해석이 아닐 수 있습니다. 강해서에 나오지 않는 이야기일 수 있습니다. 하지만 묻는 자에게 친절하게 풀어 주시는 하나님의 응답이 묵상에서는 가능합니다. 만일 개인적으로 깨달은 은혜가 다른 사람에게도 공감이 된다면 그것은 하나님이 묵상하는 자에게 열어 주신 답일 것입니다. 단, 그 응답의 내용이 성경 전체에 흐르고 있는 내용과 부합되고, 하나님의 성품과 일치한다면 그렇습니다. 묵상은 내가 짜내는 것이 아니라 하나님이 열어 주시는 것입니다. 묵상하며 기다리는 자에게 주님이 풀어 주시는 말씀과 내가 만날 때(encounter) 감격이 차오르고, 기도가 살아나고, 말씀이 마음에 새겨질 것입니다.

마가복음 8장에 나오는 맹인은 사람들이 데려온 경우입니다. 이 사건에서 특별한 점은 예수님이 두 번에 걸쳐 안수하시고 고쳐 주신 부분입니다. 처음 안수해 주셨을 때, 그 맹인은 희미하게 보인다고 대답합니다. 그러자 예수님이 다시 안수해 주셨고, 맹인은 밝히 보게 되었습니다. 왜 이 경우에만 예수님이 두 번 안수해야 하셨을까 궁금했습니다.

분명한 것은 예수님의 능력이 부족해서가 아니라는 사실입니다. 하지만 왜 이 사람만 두 번 안수해야 했는지 의문이 들었습니다. 이와 같은 치유의 과정이 성경에 또 있을까를 생각해 보았습니다. 나아만 장군을 고쳐 줄 때 엘리사는 요단강물에 일곱 번 들어가라고 말합니다. 히브리어에는 완전을 의미하는 숫자들이 있습니다. 그러나 두 번, 일곱 번 모두 단번에 고침 받은 경우는 아닙니다.

왜 한 번이 아니라 두 번 안수하셨는지, 그리고 나아만은 왜 일곱 번 요단강물에 들어가야 했는지를 주님께 묻고는 묵상하며 기다렸습니다. 그때 주님은 그 질문을 풀어 주시는 대신 그것을 통해 저에게 이렇게 말씀하시는 것 같았습니다. '너의 죄가 얼마나 깊으면 내가 두 번 만져야 낫겠느냐?' 이것은 성경 해석이 아니었습니다. 더 놀랐던 것은 '나아만은 일곱 번이면 낫는데 너는 몇 번을 들어가야 낫겠느냐?'고 물으시는 것 같았습니다. 백 번을 들어가도 다 깨끗해지지 않을 것 같은 제 모습을 고백할 수밖에 없었습니다. 저 자신의 실상이 어떠한지 말씀 앞에서 보는 순간이었습니다.

이 말씀에 대한 하나님의 응답은 제 마음을 찔러 쪼개는 예리한 검이었고 경고였습니다. 말씀이라는 트럭에 내가 부딪치는 묵상을 경험하는 순간이었습니다. 그 앞에 나의 악함과 완고함은 그대로 드러나고, 그 말씀 앞에 엎드려 기도할 수밖에 없었습니다. 묵상과 기도는 한 몸인 셈입니다.

묵상은 숙제를 하듯 빨리 해치우는 것이 아닙니다. 주님이 말씀하실 때까지 기다리는 것입니다. 짐 엘리엇 선교사는 원주민의 창에 찔려 이십 대에 생을 마쳤습니다. 그의 아내가 쓴 책 《전능자의 그늘》(복있는사람)에 그의 묵상 이야기가 나옵니다. 어느 날 그는 말씀을 묵상하고 일기에 이렇게 적었습니다.

> 어제는 충분한 시간 동안 본문을 충실히 읽고 묵상
> 하며 새로운 진리를 간절히 찾았지만 아무것도 얻
> 지 못했다. 어쩌면 너무 열심히 구했는지도 모른다.
> 어쩌면 성령님께 대들며 내 열심으로 비둘기 같은
> 그분을 몰아붙였는지도 모른다. '주님, 듣는 법을
> 가르치소서. 아직 주님께서 열어 주시지 않은 말씀
> 에서 늘 진리를 짜내려 하지 않게 하소서.' 내 묵상
> 과 기도 시간은 아직도 멀었다.

말씀 묵상은 성경에 대한 사실만 파악하는 시간이
아닙니다. 정보 수집과 같은 성경 읽기는 결코 우리에게
감동이나 도전을 주지 못합니다. 말씀은 한 사람의 인생
을 바꿀 수 있는 능력입니다. 그것을 깨닫는 길은 말씀
을 읽고 잠잠히 기다리며 묵상하는 과정에서 열립니다.

말씀 묵상을 '기다림'으로 이야기하고 싶은 이유가
있습니다. 이것은 태도와 관련이 있기 때문입니다. 말

쏨 묵상을 어떤 형식에 잘 맞추어 답을 찾아가는 방법론으로 배우면 묵상이 자기 능력인 줄로 오해할 수 있습니다. 성경의 저자는 성령님이십니다. 그렇다면 이 성경을 가장 잘 풀어 주실 수 있는 분은 주님이십니다. 묵상의 방법론보다 더 중요한 것은 주님께 묻는 것입니다.

성경을 읽고 주님이 나에게 무엇을 말씀하고 싶으신지 들으려는 자세로 기다려 보십시오. 기다림이 있는 곳에 깨달음이 있습니다. 기다릴 때에 묵상은 우리가 결론을 내리려는 방식에서 떠나 하나님이 말씀하시는 곳, 바로 주님의 마음을 만나는 곳에 다다르게 될 것입니다.

조급하면 주님이 보이지 않습니다

현대 과학자들은 하나님께서 만드신 놀라운 것들 가운데서 하나님을 잃어버렸다. 그리고 그리스도인들은 경이로운 하나님의 말씀 속에서 하나님을 잃어버릴 참으로 크나큰 위험 속에 있다.

– A. W. 토저, 《하나님을 추구함》(생명의 말씀사) 중에서

"그날에 그들 중 둘이 예루살렘에서 이십오 리 되는 엠마오라 하는 마을로 가면서 이 모든 된 일을 서로 이야기하더라 그들이 서로 이야기하며 문의할 때에 예수께서 가까이 이르러 그들과 동행하시나 그들의 눈이 가리어져서 그인 줄 알아보지 못하거늘 예수께서 이르시되 너희가 길 가면서 서로 주고받고 하는 이야기가 무엇이냐 하시니 두 사람이 슬픈 빛을 띠고 머물러 서더라"(눅 24:13-17).

누가복음 24장에는 엠마오로 가는 두 제자가 나옵니다. 이제 성경을 읽으면서 기다림과 조급함의 차이를 생각해 봅니다. 이때의 배경은 예수님이 십자가에서 죽으신 직후입니다. 두 제자가 예루살렘에서 40킬로미터(약 25마일) 거리의 엠마오로 돌아가는 길이었습니다. 두 사람은 예수님을 자신들의 구원자로 믿었는데 그분이 십자가에 돌아가신 것을 보았습니다. 그리고 그 사이에 막달라 마리아와 또 다른 마리아가 예수님의 무덤에 갔다가 주님의 부활과 천사를 목격했다는 소식을 들었습니다. 그러나 두 제자는 아직 아무도 예수님을 보지 못했다는 사실에 낙심한 상태로 엠마오로 돌아가던 중이었습니다. 본문은 두 제자가 길을 걸으며 예수님이 돌아가신 일에 대해 이야기하고 있을 때 "예수께서 가까이 이르러 그들과 동행하시나 그들의 눈이 가리어져서 그인 줄 알아보지 못하거늘"(눅 24:15-16)이라고 기록합니다.

지금 그들이 알아보지 못하는 이 예수님은 어떤 분입니까? 부활하신 예수님입니다. 그 예수님이 동행하고 계심에도 두 제자가 몰라보았습니다. 묵상에서도 이런 일이 일어날 수 있습니다. 하나님이 나에게 말씀하시는데도 못 들을 수 있습니다. 조급하면 들을 수가 없습니다. 성경을 묵상할 때 내가 결론을 내리려고 하면 하나님이 말씀하시는 바를 듣지 못하고 마칠 수 있습니다. 묵상은 주님을 알아보는 것이라 할 수 있습니다.

엠마오로 돌아가는 두 제자는 주님과 동행하면서도 그분이 누구신지 전혀 모르고 있습니다.

개역개정 성경은 "동행하시나"(눅 24:15) 다음에 "그들의 눈이 가리어져서"(눅 24:16)라고 기록합니다. 영어성경에는 그 사이에 '그러나'(but)라는 접속사로 앞과 뒤의 내용을 연결합니다. 성경은 그들의 눈이 가리어져서 그인 줄 알아보지 못한다고 계속해서 표현합니다. '가리어져' 라는 표현은 기막히게 적절합니다. 그렇다면 누가 가린 것입니까? 그다음 절을 보십시오.

"예수께서 이르시되 너희가 길 가면서 서로 주고받고 하는 이야기가 무엇이냐 하시니 두 사람이 슬픈 빛을 띠고 머물러 서더라" (눅 24:17).

17절은 성경을 읽으면서도, 주님이 말씀해 주시는데도 우리가 못 들을 때가 있음을 경고하듯 알려 주는 말씀입니다. 성경을 읽는 중에 주님께서 '어제 왜 아내를 그렇게 대했느냐?'라고 말씀하시는데 못 들을 수 있다는 말입니다. 왜냐하면 내가 아직도 아내에게 화내고 소리치고 싶은 마음으로 가득 차 있기 때문입니다. 내가 말씀을 읽는데도 모두 아내한테 해당되는 말씀처럼 보일 수도 있습니다. 이런 것이 조급한 상태입니다. 기다릴 수 없는 마음 상태란 뜻입니다. 누구나 눈이 가려질 때가 있습니다. 내가 내리고 싶은 결론에 마음이 갇혀 성경을 빨리 요리하고 싶을 때입니다. 조급하면 사람은 결국, 자기가 편한 말씀을 취하려는 성향이 있습니다. 하나님이 주시는 깨달음을 기다리지 않는 사람은 자기가 필요한 말씀만 취하거나 주님의 음성을 듣지 못합니다.

묵상을 할 때, 하나님은 기다리는 사람에게 마음에 새길 말씀을 주시곤 합니다. 좋은 것만 깨닫게 되는 것은 아닙니다. 하나님이 내 가슴을 찌르고 회개시킬 때도 자주 있습니다. 엠마오로 가는 두 제자의 모습에서 우리가 보는 것은, 예수님이 오셔서 함께 동행하고 계심에도 정작 그 두 사람은 전혀 모르고 있다는 사실입니다. 하지만 끝까지 모르는 채로 끝나지 않습니다. 나중에 그들은 알게 됩니다. 저는 엠마오로 가는 이 두 제자의 이야기가 말씀 묵상에 굉장히 도움을 주는 구절이라 생각합니다. 왜 그런지 성경을 조금 더 읽어 본 후 나누도록 하겠습니다.

예수께서 두 사람에게 "서로 주고받고 하는 이야기

가 무엇이냐"(눅 24:17)고 물으시자 그들이 슬픈 빛을 띠고 머물러 섭니다. 그리고 "그 한 사람인 글로바라 하는 자가 대답하여 이르되 당신이 예루살렘에 체류하면서도 요즘 거기서 된 일을 혼자만 알지 못하느냐"(눅 24:18)라고 반문합니다. 다 아는데 왜 당신만 모르느냐고 언짢게 말합니다. 사실은 반대로 예수님이 답답해하고 화를 내셔야 할 장면입니다. 예수님이 부활하셔서 그들과 함께 걷고 계신데 그들이 모르고 있기 때문입니다.

주님이 나타나셔도 모르는 사람이 있습니다. 얼마나 안타까운 장면입니까? 말씀을 읽는 중에, 하나님이 말씀하시는데도 모를 수 있습니다. 빨리 읽고 내가 주도적으로 요약하려고 조급하게 덤벼들기 때문입니다.

"이르시되 무슨 일이냐 이르되 나사렛 예수의 일이니 그는 하나님과 모든 백성 앞에서 말과 일에 전능하신 선지자이거늘"(눅 24:19).

예수님의 물음에 글로바는 누구에 대한 이야기라고 대답합니까? 두 사람이 예수님에 대한 이야기를 그분 앞에서 하고 있습니다. 그분에 대한 이야기를 하면서 그분을 모른다는 것이 놀랍기만 할 뿐입니다. 그러나 이런 일이 우리에게도 언제든 일어날 수 있습니다. 우리는 하나님에 대한 이야기를 하나님을 믿지 않고도 나눌 수 있습니다. 말씀 묵상을 잘못하면 하나님의 말씀을 나눈다고 하면서 자기 이야기를 하는 실수를 범할 수 있습니다.

"우리 대제사장들과 관리들이 사형 판결에 넘겨 주어 십자가에 못 박았느니라 우리는 이 사람이 이스라엘을 속량할 자라고 바랐노라 이뿐 아니라 이 일이 일어난 지가 사흘째요"(눅 24:20-21).

글로바는 '사흘째'를 강조하고 있습니다. 이것이 매우 중요합니다. 왜냐하면 예수님이 사흘 만에 부활하셨기 때문입니다. 그래서 그들 앞에 나타나셨고 함께 걷고 대화를 나누고 계신 것입니다. 그런데 안타깝게도, 그들은 주님을 알아보지 못합니다. 얼마나 슬픈 일입니까? 머리로만 아는 조급함으로 묵상을 마치면 보아도 보이지 않고 들어도 깨닫지 못할 수 있습니다.

"또한 우리 중에 어떤 여자들이 우리로 놀라게 하였으니 이는 그들이 새벽에 무덤에 갔다가 그의 시체는 보지 못하고 와서 그가 살아나셨다 하는 천사들의 나타남을 보았다 함이라 또 우리와 함께한 자 중에 두어 사람이 무덤에 가 과연 여자들이 말한 바와 같음을 보았으나 예수는 보지 못하였느니라 하거늘"(눅 24:22-24).

왜 묵상에서 기다림이 중요합니까? 모든 사람은 영적인 것들을 이해하는 데에 한계가 있습니다. 우리가 그분을 이해하려면 그분이 말씀을 열어 주셔야 합니다. "내 눈을 열어서 […] 보게 하소서"(시 119:18)라는 시편 기자의 고백이 바로 그것입니다. 계시의 말씀을 열어 주셔야(to reveal) 우리에게 말씀하시는 바를 들을 수 있고, 이해할 수 있고, 받아들일 수 있습니다. 이것을 위해 우리가 해야 할 가장 중요한 것이 '기다림'입니다. 하나님이 열어 주시기를 기도하며 기다리십시오. 이것이 묵상입니다.

두 제자의 이야기에서 우리는 자신의 모습을 볼 수 있습니다. 여인들이 예수님의 부활 소식을 전했습니다. 하지만 그들은 믿지 못했습니다. 자기 눈으로 보기 전에는 믿을 수 없다는 마음입니다. 충분히 이해가 되고 공감이 갑니다. 하지만 바로 그때가 예수님의 말씀에 귀 기울일 때입니다.

기다릴 때 눈을 열어 주십니다

"이르시되 미련하고 선지자들이 말한 모든 것을 마음에 더디 믿는 자들이여 그리스도가 이런 고난을 받고 자기의 영광에 들어가야 할 것이 아니냐 하시고 이에 모세와 모든 선지자의 글로 시작하여 모든 성경에 쓴 바 자기에 관한 것을 자세히 설명하시니라" (눅 24:25-27).

예수님이 두 제자에게 친절하게 설명해 주시는 장면입니다. 그들이 주님을 몰라보기에, 예수님은 구약의 말씀들과 모든 선지자의 글을 차근차근 설명하며 말씀을 풀어 주시기 시작합니다. 묵상에서 왜 기다림이 중요할까요? 기다리는 사람에게 하나님이 행하시는 일이 있기 때문입니다. 그 말씀을 읽고 기다리는 중에 성령님이 풀어 주시고 깨닫도록 도우시는 일이 일어날 수 있기 때문입니다. 말씀 묵상은 우리 머리로 짜내는 것이 아니라 주님이 말씀을 풀어 주시는 것입니다. 말씀 앞에서 기다릴 때 하나님이 말씀을 열어 주시는 일이 일어날 수 있습니다.

"그들이 가는 마을에 가까이 가매 예수는 더 가려 하는 것같이 하시니"(눅 24:28).

그들은 드디어 엠마오에 도착합니다. 그런데 예수님은 그들과 달리 더 가려 하십니다. 그때 두 사람의 태도는 어떻습니까? 두 사람이 예수님을 따라갔습니까, 예수님을 붙들었습니까?

"그들이 강권하여 이르되 우리와 함께 유하사이다

때가 저물어가고 날이 이미 기울었나이다 하니 이에 그들과 함께 유하러 들어가시니라" (눅 24:29).

두 제자는 예수님을 붙들었습니다. 왜냐하면 더 듣고 싶은 말씀이 있기 때문입니다. 더 듣고 싶은 마음, 이것이 기다림입니다.

기다리지 못하는 데에는 몇 가지 이유가 있습니다. 자기 자신이 원하는 방향으로 결론을 내리려는 경향이 강하거나, 묵상을 숙제처럼 해치우려는 경향이 있거나, 또는 묵상 방법론을 따라 정리하는 데 길들여져 있기 때문일 수도 있습니다. 아무것도 깨닫지 못하고, 하나님이 내 마음에 풀어 주신 것 없이 정리만 하는 묵상은 가슴에 새겨지지도 않고, 내 삶의 능력이 될 수도 없습니다. 그러나 하나님이 깨닫게 해주셔서 내 가슴에 부딪친 말씀은 평생 잊을 수 없습니다. 말씀을 묵상하다가 하나님이 깨닫게 해주신 것들은 10년, 20년이 지나도 기억이 납니다. 외우려고 하지 않아도 외워집니다. 그 은혜가 평생 가슴 깊이 남아 있기 때문입니다. 뼛속에 새겨져 있기에 그렇습니다.

"그들과 함께 음식 잡수실 때에 떡을 가지사 축사하
시고 떼어 그들에게 주시니" (눅 24:30).

여기에 중요한 표현이 있습니다. 예수님은 그들과
함께 음식을 드셨습니다. 아마도 더 대화를 나누셨겠지
요. 두 제자와 예수님 사이에 더 깊은 관계가 형성되어
가는 시간이었을 것입니다. 그리고 음식에 축사하시고
떼어 주셨다고 합니다. 그때 뜻밖의 결과가 펼쳐집니다.

"그들의 눈이 밝아져 그인 줄 알아보더니" (눅 24:31a).

두 제자는 어떻게 부활하신 예수님을 알아보았습니
까? 성경을 해석하는 사람들은, 두 제자가 떡을 나누어
주시는 예수님의 손을 보았을 거라 추측합니다. 수긍할
만한 해석이라는 점에는 동의합니다. 두 제자는 못 자
국 난 손을 보고 비로소 주님인 줄 깨달았을 수도 있습
니다. 성경을 묵상하는 중에 주님이 이렇게 깨닫게 하실
수도 있습니다.

저는 이 구절이 묵상의 관점에서 중요하다고 생각합니다. 성경의 표현을 보면, 그들의 눈이 밝아지는 순간이 있었습니다. 바로 알아차린 것이 아닙니다. 그분이 누구신지도 모른 채로 동행하며 그분에 대한 이야기를 나누던 두 제자가 그분을 발견하는 순간이 있었다는 말입니다. 그때 이들이 얼마나 감격했겠습니까? 그들의 눈이 밝아졌다고 기록했는데 실상은, 하나님이 그들의 눈을 열어 주신 것입니다. 바로 그때, 낙심했던 그들이 부활하신 주님을 뵙고 엎드릴 수밖에 없지 않았겠습니까? 묵상의 과정에는 이런 감격의 순간이 있습니다. 기다릴 때에 일어나는 감동의 순간입니다.

숙제를 하듯
빨리 해치우는 묵상이 아니라
주님이 말씀하실 때까지
기다려야 합니다.

그럴 때
하나님이 말씀하시는 곳,
바로 주님의 마음을 만나는 곳에
다다르게 될 것입니다.

기다림 끝에 믿음의 뜨거움이 찾아옵니다

더 놀라운 말씀이 이어집니다. 두 제자가 부활의 예수님을 알아보는 순간, 어떤 일이 벌어졌습니까?

"예수는 그들에게 보이지 아니하시는지라" (눅 24:31b).

그들이 예수님을 알아보는 순간 예수님은 보이지 아니하십니다(disappeared from their sight). 성경은 때때로 놀랍고 의아하기까지 합니다. 만일 예수님이 이들을 껴안아 주셨으면 얼마나 좋았을까요? 그런데 예수님이 그 순간 사라지셨습니다.

왜 예수님은 그들이 부활하신 예수님을 알아본 순간 안아 주시지도 않고 그들 곁에서 떠나신 걸까요? 그들이 예수님을 알아보았기 때문입니다. 이제 더 이상 예수님이 그들 곁에 계시지 않아도, 그들은 부활의 주님을 믿고 동행할 수 있기 때문입니다. 이제 어디를 가더라도, 그들은 부활의 주님과 동행하고 있음을 알 것입니다. 낙심하고 고향으로 내려가던 자신들 곁에 찾아오신 주님을 만났기 때문입니다.

말씀 묵상을 통해 우리는 말씀이 능력임을 배웁니다. 주님이 우리에게 주신 말씀을 깨닫거나 체험할 때, 이제는 그 말씀을 가지고 살아갈 준비가 되기 때문입니다. 예수님이 떠나셨다는 것은 그래서 더 의미가 깊습니다. 앞으로 그들은 어디로 가든지 그 주님과 동행할 것이라는 암시가 담겨 있기 때문입니다. 그들의 이야기는 아직 끝나지 않았습니다.

"그들이 서로 말하되 길에서 우리에게 말씀하시고
우리에게 성경을 풀어 주실 때에 우리 속에서 마음
이 뜨겁지 아니하더냐 하고"(눅 24:32).

예수님이 말씀을 풀어 주실 때 그들은 이미 마음이 뜨거워지고 있었습니다. 낙심했던 두 제자는 주님과 계속 대화를 나누던 중 눈이 열립니다. 그리고 주님은 떠나셨지만 두 사람은 서로 예수님이 말씀을 풀어 주실 때 마음이 뜨거웠던 그 감격의 순간을 나누고 있습니다. 말쓺 묵상의 소중함이 여기에 있습니다. 말씀을 깨달아 가는 과정은 한 사람의 마음속에서 믿음의 뜨거움을 경험하는 시간입니다. 영적으로 살아나는 시간이 될 수 있다는 뜻입니다.

이 말씀은 어느 장면까지 우리를 인도하고 있습니까?

"곧 그때로 일어나 예루살렘에 돌아가 보니 열한 제자 및 그들과 함께한 자들이 모여 있어 말하기를 주께서 과연 살아나시고 시몬에게 보이셨다 하는지라"(눅 24:33-34).

두 제자가 예루살렘으로 돌아가 보니, 열한 제자와 그 제자들과 함께한 자들이 모여 주님의 부활과 베드로가 목격한 사실을 놓고 이야기 나누던 중이었습니다.

그 현장을 보는 순간 두 사람은 어떤 말을 하고 싶었을까요? 아마도 이렇게 소리치고 싶었을 것입니다. "예수님은 부활하셨습니다. 우리도 그분을 만났습니다." 얼마나 말하고 싶었을까요!

묵상의 기다림 속에는 상상력이 작동합니다. 이때 상상은 망상이나 허망한 생각이 아닙니다. 주님을 사랑하는 마음으로 성경의 현장 속에 서 보는 것입니다. 이러한 묵상은 기독교 영성의 역사 속에서 많은 선배들이 누렸던 전통이고 선물입니다. 이 부분은 3장에서 조금 더 소개하겠습니다.

이런 체험을 나누는 것이 가능할지 모르겠지만, 표현해 보겠습니다. 주님을 체험한 사람끼리 만나면, 처음 본 사람이라도 어떤 벽도 없이 대화가 통할 때가 있습니다. 체험한 은혜의 공감대가 있어서 그럴 것입니다. 때로는 처음 만났는데 오랫동안 알고 지낸 사람처럼 느껴질 수도 있습니다. 그 역시 주님을 만나고 체험한 그 현장의 공감대가 있기 때문일 것입니다.

이제 중요한 구절이 이어집니다.

주님을 나눌 때 임재의 감격이 있습니다

"두 사람도 길에서 된 일과 예수께서 떡을 떼심으로 자기들에게 알려지신 것을 말하더라" (눅 24:35).

그들은 허상을 말하는 것이 아니라 자신들을 만나 주시고, 깨닫게 해 주신 주님의 부활을 증언했습니다. 성경은 예수님이 떡을 떼실 때, 이 두 사람에게 알려지셨다고 말합니다. 새번역 성경은 "비로소 그를 알아보게 된 일을 이야기하였다"고 표현합니다. 그들과 대화하는 중에 예수님이 드러나신 것이라 말합니다. 자신을 보여 주심으로 그들이 알게 하셨다는 의미입니다.

이 순간은 특별한 장면입니다. 처음 두 제자에게 자신을 알려 주신 순간, 예수님은 사라지셨습니다. 너무 기쁜 그 순간 떠나신 것입니다. 그리고 예루살렘으로 돌아온 그들은 열한 제자와 사람들이 모인 자리에서 부활하신 주님에 관한 소식과 시몬 베드로에게 그 모습을 보이셨다는 말을 듣습니다. 이때 그 두 사람도 그들에게 떡을 떼어 주실 때 자신을 드러내신 주님을 만났다고 고백합니다. 그러면 그다음에는 무엇이 와야 합니까? 하나님의 말씀이 얼마나 놀라운지 또 한번 감동합니다. 그다음 이어지는 말씀이 놀랍습니다. 묵상할 때의 감격이 여기에 있습니다.

두 제자가 예수님이심을 알아본 바로 그때 사라지셨던(disappeared) 부활의 주님, 바로 그분이 이 시간 이 자리에, 이들이 부활의 주님을 증언하고 있던 그곳에 정확히 나타나십니다(appeared). 주님의 임재(presence)가 그곳에 드러난 순간입니다. 두 제자가 자신들이 만난 부활의 주님을 나누던 그 시간, 그 장소였습니다. 우리가 깨달은 말씀, 우리가 만난 하나님을 사람들과 나눌 때, 그 자리에 주님이 임재하실 수 있음을 충분히 상상할 수 있는 장면입니다.

"이 말을 할 때에 예수께서 친히 그들 가운데 서서 이르시되 너희에게 평강이 있을지어다 하시니"(눅 24:36).

현대식 영어성경(CEV)에는, 이 구절을 더 쉽게 이해하도록 '나타나셨다'(appeared)로 표현합니다. 앞의 31절에서 눈이 열려 주님을 알게 된 두 제자에게 주님은 더 이상 안 보이셔도 됩니다. 그들에게는 자신이 만난 부활의 주님을 마음속에 모시고 살아갈 수 있는 믿음이 있기 때문입니다. 그럼에도 성경은 사람들이 모여 부활하신 주님 이야기를 나눌 때, 두 제자가 자신들도 그분을 보았다고 말하는 바로 그 순간에, 주님이 그들 가운데 서 계셨음을, 그 가운데 나타나셨음을 증언하고 있습니다. 주님을 나누는 그 자리에 그분의 임재하심(presence)이 있었음을 누가는 확실하게 기록해 놓았습니다.

말씀 묵상은 이런 과정을 통과하는 것입니다. 성경을 읽다 보면 어느 구절이 은혜가 될 수 있습니다. 그때 그 은혜를 바로 노트에 적고 나서 묵상을 끝내려 하지 말고, 조금 더 기다려 보십시오. "주님, 무엇을 말씀하기 원하십니까?"라고 물으며 기다리는 과정을 꼭 거쳐 보십시오. 이것이 묵상입니다. 기다림 중에 주님께서 말씀을 열어 주시는 그 순간, 우리는 그 자리에서 그분의 임재를 경험할 수 있습니다. 그리고 그 기쁨은 세상 무엇과도 바꿀 수 없습니다. 기쁨을 넘어 그 말씀 앞에 전율하는 순간도 올 수 있습니다.

그래서 저는 목사님들과 말씀 묵상을 나누며 이런 고백을 하곤 합니다. "이런 기쁨을 맛볼 때, 사역하기보다는 그 자리에 머물고 싶을 때가 종종 있습니다."

이것이 시편 1편이 말하는 "오직 여호와의 율법을 즐거워하여 그의 율법을 주야로 묵상"한다는 의미가 아닐까요? 주야로 묵상하는 것만큼 중요한 점이 '하나님의 말씀을 즐거워하는 것'입니다. 주님이 말씀을 열어주실 때, 그 깨달음은 감격이 되고 기쁨이 됩니다. 때론, 기쁨을 넘어 우리로 그 말씀의 경이로움 앞에 머물게 합니다. 말씀을 계속해서 읽고 싶은 마음은 사실 이러한 경험에서 비롯됩니다. 이것이 억지로 하는 묵상을 바꿀 수 있는 길 중 하나입니다. 말씀 묵상은 내가 주도하는 것이 아닙니다. 오히려 주님이 이끄시도록 기다려야 합니다.

기다림과 소망이라는 두 단어는 밤을 새며 새벽을

기다리는 파수꾼의 이미지와 결부된다. 그러한 연결은 고통 가운데서 "그래도 내가 할 수 있는 일이 분명 있을 거야!"라고 부르짖는 사람을 위해 중요한 통찰을 제시한다.[…] 파수꾼이 중요한 인력이긴 하지만 정작 그가 하는 일은 많지 않다. 지구의 거대한 자전과 태양이 방출하는 막대한 에너지 등 날이 밝는 현상은 전부 그와는 별도로 진행된다. 그러한 현상을 조절하거나 그것에 영향을 주기 위해 그가 한 일은 아무것도 없다. 그는 파수꾼일 뿐이다.

- 유진 피터슨, 《한 길 가는 순례자》(IVP) 중에서

말씀 묵상은 파수꾼의 역할을 한다고 할 수 있습니다. 그 말씀 앞에 머물러 기다리는 것입니다. 우리가 하는 일은 거의 없습니다. 어두운 밤이 지나고 새벽이 오고 아침이 성큼 다가오듯이 주님이 말씀 안에서 우리에게 걸어오실 것입니다. 그때 우리는 눈이 열리고 깨달아지고 그분의 임재 안에 거하게 됩니다.

말씀 묵상은 주님께 더 가까이 가는 길입니다.

"주님, 무엇을 말씀하기 원하십니까?"
라고 물으며 기다려 보십시오.
기다림 중에 주님께서
말씀을 열어 주시는 그 순간,
우리는 그 자리에서
그분의 임재를 경험할 수 있습니다.

2장

말씀 묵상은
깨달음입니다

깨달음은 반드시
우리의 내면을 흔듭니다.

더러운 것을 정결케 하라고 말씀합니다.
죄에서 떠나라고 소리칩니다.
그 말씀이 들릴 때 우리는 반응해야 합니다.
이것이 묵상의 축복입니다.

주의 말씀을 열면
빛이 비치어
우둔한 사람들을
깨닫게 하나이다

(시 119:130)

"이는 내 생각이 너희의 생각과 다르며 내 길은 너희의 길과 다름이니라 여호와의 말씀이니라 이는 하늘이 땅보다 높음 같이 내 길은 너희의 길보다 높으며 내 생각은 너희의 생각보다 높음이니라" (사 55:8-9).

우리의 지적인 노력으로 다다른 '신'을 이르는 단어가 있습니다. 바로 우상입니다.

- 윌리엄 윌리몬, 《성육신》(비아) 중에서

하나님이 자신을 우리에게 알리지 않으시면 우리는 그분을 알 수 없고, 세상의 모든 제단에는 바울이 아테네에서 본 제단처럼 "알지 못하는 신에게" (행 17:23)라는 아주 비극적인 문구가 새겨질 것입니다. 우리의 탐구가 시작되는 지점은 바로 무한하신 하나님 앞, 겸손의 자리입니다.

- 존 스토트, 《성경이란 무엇인가》(IVP) 중에서

"말씀이 육신이 되어"(요 1:14) 이 땅에 오셨습니다. 하나님이 누구신지 가장 잘 가르쳐 주실 수 있는 분은 "보이지 아니하는 하나님의 형상"(골 1:15)으로 이 땅에 오신 예수 그리스도입니다. 그분은 우리가 하나님께 나아가도록 길이 되셨습니다.

묵상이란 예수 그리스도의 오심을 통해 드러난 '하나님의 나라와 그 도래를 준비하는 역사', 즉 구약과 신약에 펼쳐진 하나님의 사랑과 공의, 인류의 넘어짐과 하나님의 일으켜 주심 그리고 하나님의 백성을 향한 그분의 마음을 깨달아 가는 과정입니다. 그 말씀을 깨닫는 시간과 공간은 변화의 진원지가 됩니다. 말씀 앞에 나 자신이 모두 드러나야 하기에 애통이 터지기도 하고, 감추어 왔던 죄를 주님 앞에 토하기도 합니다. 때론 말씀이 능력임을 깨달을 때 상처 입은 자가 회복되고, 고난 중에 있던 사람이 그 말씀을 붙들고 일어나기도 합니다. 하나님은 말씀으로 우리의 어떤 곳을 만지고 고쳐 주셔야 하는지 정확히 알고 계십니다.

묵상의 중심점은 말씀을 깨닫는 곳입니다. 그 깨달음은 묵상과 기다림 속에서 옵니다. 자신의 노력이 필요 없다는 말이 아닙니다. 말씀의 의미가 무엇인지 알기를 갈망하는 마음 그리고 말씀을 되새기는 시간이 필요합니다. 하지만 나 자신이 그 뜻을 다 헤아려 알 수 있다고 생각지 말아야 합니다. 하나님의 말씀은 우리가 풀어야 할 숙제가 아니라 하나님이 어떠한 분인지를 알려 주기 위해 주신 책이기 때문입니다. 우리 자신이 말씀을 읽고 묵상하지만, 그 말씀을 풀어 주실 성령님의 도우심이 있다는 사실을 신뢰하며 다가가라는 뜻입니다. 기다림을 통한 깨달음은 묵상의 핵심이고, 그 말씀을 붙들고 기도로 변화를 구하는 적용은 묵상의 열매입니다.

"주의 손이 나를 만들고 세우셨사오니 내가 깨달아 주의 계명들을 배우게 하소서" (시 119:73).

"You made me; you created me. Now give me the sense to follow your commands" (시 119:73, NLT).

시편 기자는 "내가 깨달아 주의 계명들을 배우게 하

소서"(시 119:73)라고 기도합니다. 영어성경(NLT)은 "나에게 하나님의 계명을 따를 수 있는 감각을 주소서"(give me the sense to follow your commands)라고 번역합니다. 묵상할 때 필요한 우리의 기도가 여기에 있습니다. 말씀을 잘 깨닫도록 "영적인 감각을 주옵소서"(give me the sense)라는 기도 말입니다.

말씀을 깨닫기 위한 준비

백만 원짜리 수표 두 장을 돌 지난 아기와 그 아빠에게 각각 한 장씩 나누어 준다면 그것을 받은 두 사람은 어떻게 반응할까요? 아빠는 예금해 두었다가 나중에 자신이 사고 싶은 것을 살 수 있습니다. 그러나 아기는 낙서를 하거나 찢어 버릴 수 있습니다. 반응의 차이는 백만 원의 가치를 아느냐 모르느냐에 달려 있습니다.

하나님의 말씀도 마찬가지입니다. 말씀을 듣거나 읽어도 그 가치를 발견하지 못한다면 성경 말씀을 아무것도 아닌 것처럼 대할 것입니다. 하지만 말씀이 깨달아질 때 우리는 한 사람의 삶을 변화시키는 말씀의 가치를 알아볼 것입니다. 그리고 말씀을 평생 영적인 보화로 대할 것입니다.

말씀을 바르게 깨닫기 위해 우리에게 몇 가지 준비가 필요합니다.

사도행전 8장에서 빌립은 성령의 인도하심을 따라 이동하던 중, 에티오피아의 고관을 만나게 됩니다. 그 사람은 예배하러 예루살렘에 왔다가 돌아가는 길에 마차에서 이사야의 글을 읽고 있었습니다. 빌립은 그 사람이 선지서를 읽는 것을 듣고 질문합니다. "지금 읽으시는 말씀을 깨닫고 있습니까?" 그때 고관은 "나를 지도하여 주는 사람이 없으니 어떻게 깨달을 수 있습니까?"라고 대답합니다. 빌립은 그의 곁에서 말씀의 뜻을 설명해 주고, 그는 깨달음을 얻은 후 마차를 세우고 물이 있는 곳에서 세례를 받습니다. 깨달은 말씀은 한 사람을 변화시킬 수 있기에 읽기 전에 준비가 필요합니다.

첫째, 우리는 말씀을 깨닫는 데에 도움이 필요하다는 사실을 인정해야 합니다. "하나님, 우리의 눈을 열어 주옵소서"라는 갈망과 기도를 가지고 나아가야 합니다. 성경은 하나님의 감동으로 기록되었기에 깨닫게 하시는 성령의 도우심이 필요합니다. 빌립과 에티오피아 고관처럼 먼저 깨달은 말씀을 나눔으로 서로에게 도움을 줄 수 있습니다.

둘째, 우리는 성경이 기록된 이유가 '하나님의 성품과 그분의 뜻을 알려 주기 위함'이라는 사실을 기억하고, 그 기초 위에서 말씀을 읽어야 합니다. 묵상은 자신이 처한 상황에서 자유롭게 하는 것이기에 기준이 없으면 이기적이거나 자의적인 해석에 빠질 위험이 있습니다. 그 때문에 다림줄이 필요합니다. 성경이 하나의 거대한 이야기라는 것과 그 목적이 하나님을 아는 것과 그분을 닮아가도록 인도하는 것이라는 사실을 기억해야 합니다.

셋째, 성경은 다양한 형태로 쓰였기 때문에 66권을 설명해 주는 책을 곁에 두면 말씀을 깨닫는 데 도움이 됩니다. 구약은 모세오경(율법서), 역사서, 시가서, 선지

서로 구성되어 있고, 신약은 사복음서, 사도행전, 서신서, 예언서인 요한계시록으로 구성되어 있습니다. 그러므로 성경 각권의 목적과 내용을 설명한 좋은 책과 단어의 의미를 풀어 준 성경사전 등을 곁에 두고 말씀을 묵상하면 실제적인 도움을 얻을 수 있습니다. 예를 들면, 《책별로 성경을 어떻게 읽을 것인가》(고든 피, 더글라스 스튜어트 저, 성서유니온)와 《비전성경사전》(두란노)과 같은 종류의 책들입니다.

넷째, 말씀 앞에서 기다림을 배워야 합니다. 묵상은 읽는 사람이 생각하는 것, 하나님이 열어 주시는 것 그리고 '왜'라는 질문을 가지고 하나님의 응답을 기다리는 것, 성령께서 열어 주시기를 기도하는 것 등의 과정을 통해 일어납니다. 묵상 중에 요약이나 결론을 성급하게 내려고 할 때 하나님이 나에게 주시고 싶은 깨달음을 놓칠 수가 있기에 기다림의 시간이 필요합니다. 묵상은 기다림 속에서 깨달음이 태어나게 합니다.

끝으로, 말씀이 직접 나 자신에게 말씀할 때도 있습

니다. 그때는 해석이 필요한 것이 아니라 순종이 필요합니다. 믿음으로 받아들이는 것이 필요합니다. 읽는 것과 묵상과 깨달음이 동시에 일어나는 경우입니다. 예를 들어, 예수님이 풍랑 이는 바다 위로 걸어오시는 본문을 읽는데 갑자기 고난 중에 있는 우리 가정 앞으로 걸어오시는 주님이 믿어지고 깨달아지는 것입니다. 이런 때에 우리는 읽는 동시에 묵상과 깨달음을 얻게 됩니다. 힘들고 지쳐 있던 마음이 소생케 되는 일이 그 순간에 임할 수 있다는 말입니다. 말씀이 직접 우리에게 말씀하고 있음을 깨달을 수 있는 이유는, 말씀은 언제나 하나님의 임재를 간직하고 있기 때문입니다.

마음에 부딪친 말씀 한 구절이 나를 일어서게 합니다.

－ 켄 가이어, 《폭풍 속의 주님》(두란노) 중에서

"나는 땅에서 나그네가 되었사오니 주의 계명들을
내게 숨기지 마소서"(시 119:19).

시편 기자는 하나님의 계명들, 즉 주의 말씀들을 자
신에게 감추지 말아 달라고 기도하고 있습니다. 이 땅에
서 나그네로 살아가는 동안 하나님이 원하시는 바를 알
고 싶은 갈망이 담겨 있는 기도입니다. 하지만 갈망이
있기에 주의해야 할 것이 있습니다. 묵상은 하나님이 열
어 주시는 것을 깨달아 가는 과정인데 거꾸로 자기가 필
요한 것만 이기적으로 선택해서 적용하려 한다면 잘못
된 길로 갈 수 있음을 주의해야 합니다.

열왕기상 17장에는 엘리야와 사르밧 과부 이야기가
나옵니다. 사르밧 과부는 너무 가난했습니다. 가진 것은
가루 한 움큼과 약간의 기름이 전부였습니다. 그래서 그
것으로 자기 아들과 음식을 만들어 먹고 함께 죽으려 했
습니다. 그때 엘리야는 그것으로 떡을 만들어 자기에게

먼저 주고 두 사람은 나중에 만들어 먹으라고 합니다. 너무도 이기적이고 냉정하게 들립니다. 그런데 그렇게 하면 비가 다시 내릴 때까지 사르밧 과부의 통에 가루가 떨어지지 않고, 병에 기름이 마르지 않을 것이라 말합니다. 그러자 사르밧 여인은 엘리야의 말에 순종했고, 그 이후에 기적을 경험했습니다.

그런데 만일 어느 목회자가 이 말씀을 통해 깨달은 바를 전한다고 하면서, "그 여인은 굶어 죽을 상황에서도 선지자를 섬겼으니 교인들도 이 여인처럼 주의 종을 섬기십시오"라고 말한다면 이는 분명히 잘못 깨달은 것입니다. 그것은 하나님의 말씀에 눈이 열린 것이 아니라 오히려 눈이 닫힌 것입니다. 하나님이 자신에게 하시는 말씀을 본 것이 아니라 자신이 보고 싶은 것만 보았기 때문입니다.

물론 예수님은 "주는 것이 받는 것보다 복이 있다"고 말씀하셨습니다. 이것은 기독교 신앙의 정신이고 사랑에 기초한 가치입니다. 하지만 사르밧 과부의 경우를 어떤 성직자가 자신의 유익을 취하기 위한 목적으로 남용

한다면 그것은 탐욕입니다.

> 이런 식으로 성경 본문을 읽는 것을 가리키는 전
> 문 용어가 '증거본문 찾기'(proof-texting)다. 성경 본
> 문을 이용하여 자기가 하고 싶은 가설을 확증하려
> 는 행위는 죄다. 그것은 하나님이 우리에게 하시는
> 새로운 말씀에 저항하는 행위요, 성경이 살아 계신
> 하나님의 말씀임을 철저히 부인하는 행위다. 이런
> 성경 읽기의 유일한 대안은 신약성경이 '메타노이
> 아'(metanoia) 곧 '회개'(문자적으로는 '마음의 변화')라 부르
> 는 것을 염두에 두고 성경을 읽는 것이다. [⋯] 그리
> 스도인이 추구할 메타노이아의 최종 목표는 그리스
> 도의 마음을 본받는 것이다.
>
> -리처드 헤이스 & 엘렌 데이비스,
> 《성경 읽기는 예술이다》(성서유니온) 중에서

말씀을 어떤 태도로 묵상하고 그 과정에서 무엇을
깨닫느냐가 이처럼 중요하다는 사실을 잊지 마십시오.
말씀을 묵상할 때 깨닫게 하시는 것 안에는 언제나 하나

님의 사랑과 선하심 그리고 하나님의 성품과 계획이 담겨 있습니다. 묵상의 초점은 '나 자신'이 아니라 '하나님'께 두어야 합니다.

사르밧 과부의 이야기는 꼼꼼히 읽고 묵상해야 합니다. 앞의 예처럼 오용을 막기 위해서입니다.

사실 엘리야와 이 여인의 이야기를 아는 이들도 한 가지 잘 모르는 채 넘어가고 있는 내용이 있습니다. 저는 성도들과 이 본문을 나누면서 이런 질문을 던진 적이 있습니다. "그릿 시냇가의 물이 마르자 하나님은 엘리야에게 그곳을 떠나라고 명하십니다. 그때 혹시 하나님이 사르밧 과부에게 엘리야가 올 것이니 그를 대접하라고 부탁하신 적이 있습니까?" 그 질문에 많은 이들이 아니라고 답합니다. 그러면 다음 한 구절을 같이 읽어 보자고 합니다.

"여호와의 말씀이 엘리야에게 임하여 이르시되 너는 일어나 시돈에 속한 사르밧으로 가서 거기 머물라 내가 그곳 과부에게 명령하여 네게 음식을 주게 하였느니라" (왕상 17:8-9).

그리고 다시 묻습니다. "하나님이 이 여인에게 엘리야가 올 테니 그에게 음식을 주라고 말씀하셨습니까?" 그러면 사람들이 "그렇게 하셨네요"라고 대답을 바꿉니다. 이 말씀을 아는 것과 모르는 것은 전혀 다른 깨달음을 줍니다. 이 말씀을 읽었다면 이 이야기를 다시 묵상해 보아야 합니다. 하나님이 사르밧 과부에게 명하여 엘리야에게 음식을 주라 하셨을 때 이미 사르밧 과부의 형편이 어떠한지 하나님은 알고 계셨습니다. 이 여인은 하나님의 말씀을 이미 받았습니다. 그런데 선뜻 그 말씀에 따르기 어려웠을 것입니다. 자신들이 마지막으로 먹고 죽을 음식밖에는 없었기 때문입니다.

우리에게도 이런 일이 일어날 수 있습니다. 말씀을 읽거나 들으면서 하나님이 우리에게 원하시는 게 무엇인지 분명히 알 때가 있습니다. 그런데 그때에 모두 순종의 길을 택하는 것은 아닙니다. 그 말씀을 따라 순종하면 망할 것 같고, 죽을 것 같아서 포기할 수도 있습니다. 순종이 아니라 먹고살 길을 택하는 것입니다.

엘리야는 그 여인에게 선지자를 먹이면 복 받는다

는 말을 한 것이 아닙니다. 믿음의 자리로 가 보라고 권한 것입니다. 하나님이 말씀하신 대로 순종해 보라는 권면입니다. 다 내어준다 할지라도, 하나님이 말씀하신 자리, 그 누구도 책임질 수 없고 오직 하나님만이 책임지실 수 있는 그 자리, 즉 벼랑 끝에 서 보라는 권면입니다. 왜냐하면 하나님은 약속하신 말씀을 반드시 지키시는 분이기 때문입니다.

엘리야는 냉정한 선지자가 아닙니다. 그도 여인의 가난과 고통 그리고 눈물을 압니다. 하지만 감정의 선택이 아니라, 하나님 말씀에 믿음으로 순종하는 길을 선택해 보라고 권했습니다. 이 거룩한 순종으로의 초대를 뒤틀어 자신을 잘 대접하라는 말씀으로 남용하는 어리석음을 누구나 범할 수 있습니다. 올바르게 깨닫기 위해서는 말씀 앞에서 잠잠히 기다려야 합니다. 그리고 하나님이 원하시는 것이 무엇인지에 귀를 기울여야 합니다. 그런 점에서 말씀 묵상은 하나님을 향한 순종으로의 초대입니다.

우리는 삶과 예배의 현장 속에서 하나님이 자신에게 하시는 말씀을 듣거나 깨달을 때가 있습니다. 분명히 말씀하신 것을 알면서도 그 말씀대로 결정하면 손해 보거나 망할 것 같고, 심지어 불안이 밀려와서 순종을 포기할 때가 있습니다. 하지만 사르밧 과부가 엘리야의 요청을 듣고 하나님의 말씀에 순종했을 때, 하나님이 도우시는 삶을 체험합니다. 망하는 길인 줄 알았는데 사는 길이 된 것입니다. 벼랑 끝에 서 있는 줄 알았는데, 하나님의 품 안에 서 있는 것임을 깨닫습니다. 우리가 이러한 말씀을 깨닫게 될 때, 갈 수 없었던 길을 걸어가 보고 싶은 마음이 들지 않겠습니까? 순종을 향한 기도를 시작할 것입니다.

깨달음이 있는 곳에 기도가 시작되고 그 기도는 순종을 낳습니다.

사르밧 과부가 엘리야의 요청을 듣고
하나님의 말씀에 순종했을 때,
하나님이 도우시는 삶을 체험합니다.
망하는 길인 줄 알았는데
사는 길이 되었습니다.
벼랑 끝에 서 있는 줄 알았는데,
하나님의 품 안에 서 있는 것임을 깨닫습니다.

의롭고 선한 것을 넘는 하나님의 계획

말씀을 읽으면 보이지 않던 것이 보이고, 들리지 않던 것이 들릴 때가 있습니다. 그때가 삶의 변화가 일어날 수 있는 시점입니다. 말씀 안에는 인간의 선함을 능가하는 하나님의 인도하심과 계획이 있습니다. 눈으로 볼 수 없는 하나님의 마음이 곳곳에 담겨 있습니다. 그리고 답을 못 찾아 생각을 멈추고 기도할 때 종종 하나님이 우리 삶의 역사에 답을 가지고 등장하십니다.

마태복음 1장은 예수님의 족보로 시작합니다. 그리고 마리아와 요셉이 어떤 과정을 통해 예수님을 낳았는지 그 사연을 소개합니다.

"예수 그리스도의 나심은 이러하니라 그의 어머니 마리아가 요셉과 약혼하고 동거하기 전에 성령으로 잉태된 것이 나타났더니 그의 남편 요셉은 의로운 사람이라 그를 드러내지 않고 가만히 끊고자 하여"(마 1:18-19).

성경은 요셉을 의로운(righteous) 사람 혹은 선한(good) 사람이라고 소개합니다. 요셉은, 약혼 기간 중 다른 남자를 통해 임신한 여인은 율법에 따라 돌로 쳐 죽일 수 있음에도 그 사실을 알리지 않고 마리아와 가만히 관계를 끊으려 했습니다. 이는 분명 의롭다고 인정받을 수 있는 태도입니다.

> "이 일을 생각할 때에 주의 사자가 현몽하여 이르되 다윗의 자손 요셉아 네 아내 마리아 데려오기를 무서워하지 말라 그에게 잉태된 자는 성령으로 된 것이라 아들을 낳으리니 이름을 예수라 하라 이는 그가 자기 백성을 그들의 죄에서 구원할 자이심이라 하니라"(마 1:20-21).

"이 일을 생각할 때에", 즉 요셉은 생각을 행동에 즉시 옮기지 않고 더 깊이 생각하는 시간을 갖습니다. 마치 묵상의 과정처럼 기다린 것입니다. 그때 주의 사자가 꿈에 나타나 마리아가 성령으로 잉태되었다고 알려 줍니다. 그리고 그 여인을 아내로 데려오라고 말합니다.

만일 요셉이 더 깊이 생각하지 않고 조용히 관계를 끊었다고 해도 그는 선하고 의로운 사람이었을 것입니다. 하지만 그는 이 일에 대해 깊이 생각했습니다. 어쩌면 하나님의 뜻을 구하며 기도하고 있었을지 모릅니다. 그때 하나님은 주의 사자를 통해 그 아이가 자기 백성을 구원할 그리스도가 될 것임을 알려 주십니다. 요셉의 묵상과 기도의 시간은 예수님을 품고 출산하는 영광으로 이어집니다.

요셉이 의롭고 선하다 할지라도, 그것으로 하나님의 계획을 알 수는 없습니다. 영적인 것은 영적인 것으로만 분별한다는 말씀처럼 말입니다. 선한 것이 모두 영적인 것은 아닙니다. 영적인 것은 선하고 의로운 것 이상입니다. 영적인 것이 선하지 않을 수는 없습니다. 그러나 선한 것만으로 다 헤아릴 수 없는 깊이가 있다는 말입니다.

하나님의 말씀이 임할 때, 요셉의 선한 생각은 모두 무너졌습니다. 사람의 좋은 생각이 하나님의 계획 앞에서 힘을 잃는 순간입니다. 묵상의 시간은 나의 선한 계획마저도 하나님의 말씀 앞에 항복하게 합니다. 그 말씀이 나를 쓰러뜨리고 내 계획을 무너뜨리는 일이 일어납니다. 그때 주신 깨달음은 애써 외울 필요가 없습니다. 가슴에 새겨지기 때문입니다. 정리한 지식을 머리에 저장하는 묵상이 아니라 깨달음을 통해 가슴에 새겨지는 묵상의 길로 가야 합니다.

요셉이 하나님 앞에 멈추어 생각할 때 하나님이 등장하십니다. 멈추면 하나님의 말씀이 들립니다. 나의 생각을 멈추면 하나님의 마음을 헤아리는 곳에 다다를 수 있습니다. 묵상은 멈추는 것입니다. 멈출 줄 아는 사람은 하나님이 가르쳐 주시는 세미한 음성을 듣고 다시 자기 삶의 현장으로 갈 것입니다. 이전과 다른 태도로 말입니다.

다윗은 형통할 때에 그의 인생에서 치명적인 죄를 짓습니다. 우리아의 아내를 범한 것입니다.

사무엘하 11장에는 의도적인 것처럼 자주 등장하는 동사가 있습니다. '보낸다'라는 단어입니다. 다윗은 옥상에서 그 여인을 본 후, 사람을 '보내'(삼하 11:3) 그 여인이 누구인지 알아봅니다. 그 후 다시 전령을 '보내'(삼하 11:4) 그 여인을 자기에게로 데려오게 한 후 죄를 저지릅니다.

그 여인 역시 다윗에게 사람을 '보내'(삼하 11:5) 자신의 임신 사실을 전합니다. 다윗은 놀라서 자신의 죄를 감출 계획을 세워야 했습니다.

다윗은 국방부 장관에 해당하는 요압에게 명하여 우리아를 자신에게 '보내라고'(삼하 11:6) 합니다. 다윗은 우리아에게서 전쟁 상황에 대해 듣고 집으로 가서 쉬라고 권합니다. 그의 아내와 동침하게 하기 위해서였습니다. 다윗의 이러한 계략을 시편 1편은 "악인의 꾀"라 합니다. 그러나 우리아는 집으로 가지 않습니다. 충성스러운 군인이었던 그는 전쟁 중에 부하들이 들에서 진을 치고 있는데 홀로 집에 가서 편히 쉴 수 없었던 것입니다. 이 말에 다윗은 속이 탔을 것입니다.

다윗은 삼 일째 아침, 편지를 써서 우리아의 손에 들려 그를 다시 요압에게 보냅니다(삼하 11:14). 그 편지의 내용은 잔인합니다. 시편을 쓴 다윗 같지 않습니다.

"우리아를 맹렬한 싸움에 앞세워 두고 너희는 뒤로 물러가서 그로 맞아 죽게 하라 하였더라"(삼하 11:15).

충성스러운 군인 우리아는 영문도 모른 채 자신을 죽이라는 편지를 손에 들고 요압에게 갔습니다. 그리고 요압은 다윗의 명령대로 우리아를 전쟁 한복판에 내몬 후 후퇴하여 그를 죽게 만듭니다. 그리고 요압은 다시 사람을 다윗에게 보내(삼하 11:18) 우리아의 죽음을 알립니다. 우리아를 죽인 다윗의 계획을 아무도 몰랐지만, 단 한 사람 요압은 알고 있었습니다. 이것은 다윗에게 커다란 약점으로 남습니다. 그리고 사실을 알고 있는 요압 뒤에는 모든 것을 보시는 하나님이 계십니다.

여기까지 몇 번이나 나온 '보낸다'는 동사는 모두 범죄와 관련되었거나 그 결과와 관련되어 있습니다. 이 말씀을 묵상하면, 다윗에게뿐 아니라 우리에게도 '멈추라'고, '그만두라'고 외치시는 주님의 강한 음성이 들립니다. 깨달음은 말씀에 부딪치는 체험입니다. 우리가 저질렀던 죄악들과 악한 꾀들이 겹치면서 자신의 벌거벗은 모습을 보게 되는 것입니다.

문제는 다윗입니다. 이 사건이 일어나는 동안 다윗은 예배를 드리지 않았을까요? 하나님의 음성이 들리지 않았을까요? 아마도 형식적으로나마 정기적으로 예배를 드렸을 것입니다. 하지만 하나님의 음성을 들으려 하지 않았을 것입니다. 죄를 짓고 죄를 가리는 데 온 힘을 기울이고 있었기 때문입니다.

그런데 지금까지 등장한 '보낸다'라는 단어를 뒤집는 한 단어가 성경에 등장합니다.

"여호와께서 나단을 다윗에게 보내시니 그가 다윗에게 가서 그에게 이르되"(삼하 12:1a).

드디어 하나님이 다윗의 삶에 개입하십니다. "우리는 마땅히 기도할 바를 알지 못하나 오직 성령이 말할 수 없는 탄식으로 우리를 위하여 친히 간구하시느니라"(롬 8:26b)는 말씀처럼 다윗을 향해 달려가십니다. 그가 행한 '잘못된 보냄'을 회복시키기 위해 말씀을 든 선지자 나단을 그 앞으로 '보내십니다'. 다윗이 피할 수 없도록, 그를 통해 하나님의 음성을 들려주시려 주님의 사자를 보내십니다. 이 말씀은 성경을 묵상하는 우리의 마음을 찢게 하는 장면입니다.

하나님의 음성을 듣지 못한 채 죄악으로 달려갔던 삶의 모습이 이 예리한 말씀 앞에 찔러 쪼갬을 당하는 순간입니다. 다윗만이 아니라 우리의 생각과 골수가 깨어지는 순간일 수 있습니다. 다윗만 듣지 못한 것이 아님을 철저하게 깨닫는 순간입니다. 하나님이 우리의 삶에 '멈추라고, 그만두라고' 말씀하신 순간이 얼마나 많았는지를 보게 됩니다. 이것이 깨달음이고, 자신과 말씀이 부딪치는 순간입니다. 이것이 말씀 묵상은 자전거를 타고 말씀의 트럭에 부딪치는 것과 같다고 말하는 이유입니다.

실제로 다윗은 하나님의 말씀을 듣고 온 나단 선지자 앞에서 눈물로 죄를 고백합니다. 그리고 주 앞에 나아가 우슬초로 자기 죄를 씻어 달라고, 정결한 마음을 달라고, 구원의 기쁨을 거두지 말아 달라고, 시편 51편을 써내려 갑니다. 그의 회개는 진심이었습니다.

나단이 다윗을 찾아와 전한 말에서 우리는 또 한 가지를 봅니다. 이때는 이미 우리아의 장례를 마쳤고, 다윗은 사람을 보내(삼하 11:27) 밧세바를 데려와 자신의 아내로 삼았습니다. 그런데도 나단은 밧세바를 "우리아의 아내"(삼하 12:10)라 부릅니다. 심지어 다윗의 아들을 치실 때에도 우리아의 아내가 다윗에게 낳은 아들임을 분명하게 밝히십니다. 다윗은 회개하고 아들을 위해 금식하며 기도하지만 그 아이는 죽습니다.

다윗의 회개와 아들의 죽음 이후부터 성경은 밧세바를 다윗의 아내로 기록합니다.

"다윗이 그의 아내 밧세바를 위로하고 그에게 들어가 그와 동침하였더니 그에게 아들을 낳으매 그의 이름을 솔로몬이라 하니라"(삼하 12:24).

하나님이 다윗의 참회를 받아주셨다고 여길 만한 장면입니다.

여기에서 같이 읽어 보고 싶은 말씀이 있습니다. 바로 마태복음 1장에 나오는 예수님의 족보입니다. 그 족보에 여인들 몇 명의 이름이 등장합니다. 밧세바를 어떻게 표현했는지 보겠습니다.

"이새는 다윗왕을 낳으니라 다윗은 우리야의 아내에게서 솔로몬을 낳고"(마 1:6).

이는 우리를 놀라게 하는 말씀입니다. 다윗의 회개를 받으신 하나님은 마태복음에 다시 밧세바를 다윗의 처가 아니라 우리야의 아내로 소개하십니다. 세상적으로 표현하면 하나님의 뒤끝작렬인 것처럼 보입니다. 하지만 이 구절은 다윗을 위해 적은 것이 아닙니다. 이 족보와 역사를 읽는 우리를 위해 적어 두신 것입니다. 왜 이렇게 적으셨는지 주님께 질문했던 적이 있습니다. 그때 깨닫게 하신 하나님의 마음이 있습니다. '나 여호와 하나님은 죄를 이만큼 싫어한다'라는 것이었습니다.

천년이 지나도 잊히지 않는 것이 죄라는 사실, 그 무게를 깨닫는 순간 고통스러웠습니다. 죄의 무게를 그렇게 깊이 느끼지 못하고 살아온 삶이 그 말씀에 부딪쳤기 때문입니다. 깨달음은 반드시 우리의 내면을 뒤흔듭니다. 더러운 것을 정결케 하라고 말씀합니다. 죄에서 떠나라고 소리칩니다. 그 말씀이 들릴 때 우리는 반응해야 합니다. 이것이 묵상의 축복입니다.

다윗의 이야기가 신약으로 이어져 또 다른 깨달음을 준 것처럼, 성경이 성경을 해석하거나 이해를 도와줄 때가 있습니다. 묵상뿐 아니라 성경을 많이 읽어야 합니다. 성경을 알면 알수록 본문이 다른 말씀과 연결되어 질문이 터지고 말씀을 해석해 주므로, 더 깊은 깨달음으로 갈 수 있게 됩니다. 말씀 묵상은 성경 통독과 함께할 때 더 풍성한 묵상으로 이어질 수 있습니다.

한 사람의 묵상은 그 사람이 경험한 인생, 믿음과 영성의 깊이 그리고 자신이 가진 지식과 지혜, 성숙과 깊이 연관되어 있습니다. 사실 묵상은 나 자신이 시작하는 것입니다. 깨달음은 여러 경로를 통해 일어납니다. 내가 묵상을 하는 중에 일어나거나, 하나님께 묻고 기다리는 중에 응답해 주시는 경우도 있습니다. 때론 성령님이 눈을 열어 주셔서 깨닫기도 하고, 성경과 관련된 책을 읽다가도 깨달음이 옵니다.

중요한 사실은 묵상하는 나 자신이 영적으로 성숙해질수록 깨달음의 깊이도 성숙해질 수 있다는 것입니다. 영적으로 성숙해져 가는 데 자신을 투자하는 것은 묵상에서 중요하다는 사실을 기억해야 합니다.

멈추면 하나님의 말씀이 들립니다.
나의 생각을 멈추면
하나님의 마음을 헤아리는 곳에
다다를 수 있습니다.

그때 하나님이 가르쳐 주시는
세미한 음성을 듣고 다시
자신의 삶의 현장으로 갈 것입니다.
이전과 다른 태도로 말입니다.

길이 없을 때 참된 길이 보입니다

창세기 37장, 39-50장까지는 족장 요셉의 이야기가 펼쳐집니다. 형들이 상인들에게 팔아넘긴 이후로 긴 고통의 시간을 보낸 요셉은 마침내 애굽의 총리가 됩니다. 물론 형들에게는 상상도 못한 일들이 펼쳐졌습니다.

오랜 풍년이 지나고 흉년이 찾아왔을 때 형들 역시 양식을 구하러 애굽의 총리 앞에 서야 했습니다. 물론 형들은 그 총리가 동생 요셉인 줄 꿈에도 몰랐습니다. 그때 요셉의 감정이 얼마나 격동했겠습니까? 그러나 그는 형들 앞에서 울지 않고 방에 들어가서 홀로 울었습니다.

요셉은 형들을 정탐꾼으로 몰아붙인 후 고향에서 막내 베냐민을 데려오면 풀어 주겠다고 합니다. 그리고 베냐민을 데리고 올 때까지 시므온을 감옥에 가둬 버립니다. 결국 아버지 야곱의 결단으로 막내 베냐민은 형들과 함께 애굽으로 옵니다. 베냐민을 본 요셉은 형제들을 자기 집으로 초대하여 식사를 대접합니다. 그때 요셉이 형제들을 나이 순서대로 자리에 앉히는 것을 보고 형제들은 모두 놀랍니다. 물론 요셉의 자리를 비워 두었을지는 상상에 맡길 뿐입니다.

음식을 먹고 난 형제들은 양식을 구해 다시 고향으로 돌아갑니다. 그런데 이때 요셉은 막내 베냐민의 자루에 몰래 은잔을 넣어 놓습니다. 이를 모르는 11명의 형제들은 임무를 성공적으로 완수하고 돌아가는 길이므로 기쁘고 안심한 상태였을 것입니다.

바로 그때 요셉의 청지기가 나타나 "왜 선을 악으로 갚느냐"며 총리의 은잔을 훔친 일을 책망합니다. 형제들은 훔치지 않았기에, 절대로 훔친 사람이 없다며 결백을 강조합니다. 그리고 만일 누군가의 자루에서 은잔이 발견되면 그는 죽을 것이며, 모두가 요셉의 종이 될 것이라고 자신만만하게 말합니다. 여기까지는 모든 일을 성공적으로 마친 형제들의 모습을 보여 주지만 실제로는 불안한 성공, 불편한 기쁨(uncomfortable joy)임을 예고하고 있습니다.

요셉을 팔아 버린 형제들, 그 형제 11명은 요셉을 뺀 숫자입니다. 하나님이 주신 12명의 형제 중 미움 받던 요셉을 팔아 버리고 남은 숫자입니다. 그들은 11명으로 살고 싶었는지 모릅니다. 하지만 하나님은 그들이 11명으로 살아가는 것을 원하지 않으셨습니다. 그들은 요셉을 잊기 원했지만 하나님은 요셉을 잊지 않고 계셨습니다.

함께 집으로 돌아가는 11명의 모습을 그려 봅시다. 베냐민이 그 가운데 있음을 보여 줌으로써 정탐꾼이라는 오해에서 벗어났으며, 억류되었던 시므온까지 구하고 양식과 선물을 받아 돌아오는 임무 완수, 즉 성공적인 여정처럼 보입니다. 정탐꾼이라는 오해에서 벗어나는 데는 성공했는데 애굽의 총리 요셉이 그들의 동생이라는 사실을 아는 데에는 실패했습니다. 반대로 요셉은 형들을 알면서도 모르는 척 만났습니다. 아직 이야기가 끝나지 않았음을 시사합니다.

사람들은 어떤 일에 성공했으면 다 끝났다고 생각합니다. 그렇다면 이들의 이야기는 여기에서 끝나야 합니다. 그러나 이 이야기는 각자의 자루를 열면서 전혀 다른 이야기로 전환됩니다. 인생에는 성공보다 더 중요한 것이 있기 때문입니다. 11명의 형제들이 성공적으로 임무를 완수했다고 동생을 팔아버린 과거가 해결될 수는 없습니다. 그들에게 필요한 것은 양식이었지만, 하나님이 그들에게 주시고 싶었던 것은 화해와 용서였습니다. 다시 12명의 형제로 돌아가는 것이었습니다. 말씀 속에는 하나님이 감추어 두신 예리한 메시지들이 있습니다.

성경은 자루를 여는 것도 나이 순서대로 시작하였다고 기록합니다. 마치 드라마의 한 장면을 보는 것처럼 11명의 자루를 차례로 여는데 마지막 자루에 은잔이 들어 있었음을 극적으로 보여 줍니다. 열 개의 자루가 열릴 때까지 자신만만했던 형들은 마지막 열한 번째 베냐민의 자루에서 은잔이 나오자 아연실색합니다. 결국 이들은 모든 짐을 싣고 다시 요셉이 있는 곳으로 돌아갑니다. 그들이 생각했던 성공이 산산조각 나는 장면입니다.

우리의 길이 실패했을 때, 비로소 하나님의 길이 보이기 시작합니다. '삶이 뒤집힐 때 비로소 영혼은 숨을 쉰다'는 켄 가이어의 고백(《폭풍 속의 주님》, 두란노)은 마음으로 공감이 됩니다. 이제 요셉의 형들은 영혼이 숨 쉴 준비를 하고 있는 셈입니다.

우리는 성공을, 하나님은 성품을

"그들이 옷을 찢고 각기 짐을 나귀에 싣고 성으로 돌아가니라" (창 44:13).

옷을 찢고 가야 할 만큼 괴로운 장면입니다. 그들은 요셉 앞에서 모두 땅에 엎드립니다. 이 세상에는 불안한 성공, 불편한 기쁨이 있습니다. 일을 잘 해결하고 11명이 돌아가던 길이었지만 머릿속에선 잊히지 않던 순간들이 떠올랐을 것입니다. 서로 말은 나누지 않았어도 양심은 그들에게 '너희 동생 요셉이 어디 있느냐?'고 소리치고 있었을지 모릅니다. 총리의 은잔이 발견된 열한 번째 자루, 그들의 성공은 더 이상 성공이 아니었습니다. 하나님은 그들에게 진정한 성공을 가르쳐 주기 원하셨습니다.

이들은 누명을 썼지만 밝힐 길이 없이 끌려와 총리가 동생 요셉인 줄 전혀 모르고 그 앞에 엎드려 있습니다. 결국 이들이 밝혀야 할 것은 잔을 훔친 내막이 아니라 자신들이 동생을 판 형들이라는 사실이었습니다. 하지만 그들은 어떤 일이 펼쳐질지 상상도 못한 채 엎드려 있습니다.

형제들은 증거가 나와서 결백을 증명할 길이 없게 되었으니, 은잔이 발견된 자루의 주인인 베냐민은 물론이고 형제들 모두 요셉의 종이 되겠다고 말합니다. 요셉은 시험관답게 오직 은잔이 발견된 자루의 주인인 베냐민만 종으로 삼겠으니, 다른 사람들은 모두 양식과 돈을 가지고 고향으로 돌아가라고 말합니다.

이때 놀라운 광경이 펼쳐집니다. 요셉을 팔아넘긴 주역 유다가, 아버지가 얼마나 베냐민을 사랑하는지 고백하며 자신이 그를 대신하여 종이 되겠다고 청합니다. 그 태도를 본 요셉은 비로소 형들 앞에서 자신이 누구인지를 밝힙니다. 이 말은 형들이 누구인지 드러나야 하는 순간이라는 뜻입니다.

"요셉이 시종하는 자들 앞에서 그 정을 억제하지 못하여 소리 질러 모든 사람을 자기에게서 물러가라 하고 그 형제들에게 자기를 알리니 그때에 그와 함께한 다른 사람이 없었더라"(창 45:1).

이 순간, 형들이 느꼈을 충격이 상상이 됩니까? 동생 베냐민을 포함해 11명의 형제는 일어날 수 없는 일을 목격하고 있는 중이었습니다. 말씀을 읽고 묵상하는 중에 우리의 심령을 뒤흔드는 말씀들이 있습니다. 때론 우리가 요셉이 되기도 하고, 그를 판 형들이 되어 읽기도 합니다. 그 묵상의 과정에서 우리에게 말씀하시는 하나님을 만납니다. 그것이 깨달음의 순간입니다.

형제들은 11명으로 살고 싶었습니다. 11명이라는 숫자는 동생을 판 죄인들의 성공을 상징합니다. 그들은 과거에 지은 죄는 감춰 두고 싶었습니다. 요셉을 만나 이상한 장면이 연출될 때마다 의아하게 생각하면서도 양식을 구해 고향으로 돌아가는 임무 완수만 생각했습니다. 오직 성공이 목표였습니다. 양식을 구해 11명으로 돌아가는 그들의 모습은 어쩌면 이 시대가 꿈꾸고 있는 성공인지 모릅니다. 어떤 수단과 방법을 써서라도 성공과 목표를 이루려는 욕망은 시대를 초월하는 인간의 본성입니다.

하지만 하나님은 요셉을 통해 그들의 걸음을 멈추게 하십니다. 요셉에게로 돌아가게 하십니다. 동생 요셉 앞에 엎드려 그가 누구인지, 그들이 무슨 일을 했는지 보고 기억나게 하십니다. 이것을 계획하고 실행한 것은 요셉이지만, 하나님이 요셉과 형제들이 만나는 문을 열어 주셨습니다.

이전에 요셉을 팔아 버리자고 했던 형 유다였는데, 지금은 베냐민을 대신해서 자신이 종이 되겠다고 기꺼이 희생하려 합니다. 요셉은 유다의 말을 들으며 만감이 교차했을 것입니다. 요셉이 버림받던 날, 살려 달라고 애걸해도 팔아 버렸던 형들로 인해 받은 상처와 홀로 걸어왔던 여정이 주마등처럼 지나갔을 것입니다. 요셉은 슬픔과 기쁨, 상처와 용서의 마음이 뒤범벅된 채 소리쳐 울었을 것입니다. 그리고 말을 시작합니다.

"요셉이 그 형들에게 이르되 나는 요셉이라 내 아버지께서 아직 살아 계시니이까 형들이 그 앞에서 놀라서 대답하지 못하더라"(창 45:3).

형제들이 대답하지 못해야 정상입니다. 요셉은 17세에 팔려 갔고, 30세에 총리가 되었습니다. 7년의 풍년이 지났고 그 후 2년이 지나 양식을 구하러 왔으니 약 20년 만에 요셉을 만난 셈입니다. 그것도 애굽의 총리로 말입니다. 상상할 수 없는 일이 벌어졌으니 얼마나 놀랐겠습니까?

요셉의 형들은 11명으로 살고 싶었지만, 하나님은 이 형제들이 12명이 되기를 원하셨습니다. 11이라는 숫자는 그들이 추구한 성공을 상징할 수 있습니다. 하지만 요셉이 자신의 정체를 밝혔으니 이제 11명으로 남는 것은 불가능합니다. 요셉은 형들을 용서하고, 형들은 잘못을 뉘우치고 화해하는 포옹이 있어야 합니다. 11명이 아니라 12명이 되도록 하나님이 인도하시는 전 과정은 우리가 먼저 추구해야 할 것이 성공이 아니라 바른 성품이 되어야 함을 암시하고 있습니다. 우리 안에 있는 성공지

향적인 마음이 하나님의 성품을 압도할 때가 있습니다.
그 갈등을 멈추는 길은 말씀 앞에 서는 것입니다.

> 성경 저자들은 우리가 이전에는 전혀 생각해 보지
> 못했던 성경 본문 안의 사건들 그리고 우리 인생의
> 사건들을 서로 연결짓도록 미묘하게 이끈다. [⋯] 장
> 칼뱅은 성경을 한쌍의 안경으로 비유했다. 전에는
> 전혀 볼 수 없었던 것을 보게 해 주고, 정체불명으
> 로 흐릿했던 것에서 의미를 찾게 해 주기 때문이다.
> 우리가 어디에 서 있는지를 볼 수 있는 것이다.
> － 엘런 F. 데이비스, 《하나님의 진심》(복있는사람) 중에서

요셉의 이야기 속에는 11명으로 마치는 성공의 사람
이 아니라 12명이 상징하는 성품의 사람이 되라는 말씀
이 감추어져 있습니다. 그 말씀이 우리의 가슴을 울릴
때, 11명의 길을 걷던 우리가 주님께 엎드려 돌이키려
하지 않겠습니까? 깨달음은 내면의 갈등을 멈추어 세울
것입니다. 그리고 하나님의 성품을 택하는 길로 나아가
도록 안내할 것입니다. 말씀 묵상은 깨닫게 하심을 따라

자연스럽게 흘러가는 것입니다.

내 인생의 주어는 무엇입니까?

요셉은 자신을 팔아넘겼던 형들을 예상 외의 말로
안심시킵니다.

"요셉이 형들에게 이르되 내게로 가까이 오소서 그
들이 가까이 가니 이르되 나는 당신들의 아우 요셉
이니 당신들이 애굽에 판 자라 당신들이 나를 이 곳
에 팔았다고 해서 근심하지 마소서 한탄하지 마소서
하나님이 생명을 구원하시려고 나를 당신들보다 먼
저 보내셨나이다"(창 45:4-5).

이 말씀은 참 이상한 구절일 수 있습니다. 한 번쯤은
형들에게 화풀이를 하고 소리칠 만한데 요셉은 전혀 다
른 내용으로 형들을 위로합니다. 하나님이 눈을 열어 주
실 때, 우리는 말씀 속에 감추어진 놀라운 것들을 깨닫

게 됩니다. 이 말씀을 천천히 읽고 묵상하다 보면 많은 질문들이 생깁니다. '화를 내야 할 상황인데 요셉은 어떻게 이런 말로 형들을 위로할 수 있는가?'

여기서 한 가지 눈에 띄는 것이 있습니다. 요셉 인생의 주어가 누구인지 보이는 것입니다. 만일 요셉 인생이 형들을 주어로 쓰여졌다면, 즉 형들이 이끌어 간 것이라면 복수해야 합니다. 그러나 요셉 인생에는 형들의 결정을 넘어 그의 삶을 통치하고 있는 주어, '하나님'이 계십니다. 형들은 요셉을 팔았을지라도 하나님은 그 사건을 통해 오히려 팔려간 요셉이 생명을 구원하도록 준비하셨다는 믿음입니다.

고난의 한가운데에 있을 때, 고난이 아니라 하나님을 주어로 삼으면 내 인생은 새 역사를 쓸 수 있습니다. 요셉처럼 인간에 의해 버림받은 역사가 아니라 하나님이 일으켜 주시는 역사로 바뀝니다. 사람의 계획대로 정해지는 역사가 아니라 하나님의 인도하심대로 새롭게 열리는 역사가 됩니다.

하나님이 닫으시면 열 자가 없고, 하나님이 여시면

닿을 자가 없습니다. 이것이 하나님이 요셉을 통해 보여 주시는 삶입니다. 말씀 묵상을 통해 주시는 깨달음은 우리의 인생을 하나님의 손에 맡기게 하는 힘이 있습니다.

말씀이 말을 이깁니다

"여호와의 소리가 힘 있음이여 여호와의 소리가 위 엄차도다" (시 29:4).

말과 말씀은 다릅니다. 말은 불완전하지만 하나님의 말씀은 완전합니다. 말은 미완성의 역사이지만 하나님의 말씀은 완성의 역사입니다. 창세기는 창조의 장면을 "하나님이 말씀하시니… 그대로 되니라"고 기록함으로써 말씀의 권위를 드러내고 있습니다. 말씀 묵상은 이시대가 들려주는 말의 홍수 속에서 하나님의 말씀에 귀를 기울이려는 거룩한 습관입니다.

모세는 사십 년의 광야를 건널 때 수많은 소리를 들었습니다. 때론 불평과 원망 소리에 쓰러질 지경에 이르기도 했습니다. 너무 힘들 때면 자신을 죽여 달라며 하나님 앞에 소리치기도 했습니다. 그때마다 모세가 일어날 수 있었던 이유는 홀로 하나님 앞에 나아갔기 때문입니다. 하나님의 음성이 그를 붙들어 주셨습니다. 그는 다시 일어나 약속의 땅으로 백성을 이끌고 갈 힘을 얻었습니다. 하나님과 일대일의 부흥회를 광야 한가운데에서 열었기 때문입니다.

하나님이 말씀하시면 수많은 사람들의 말을 이깁니다. 자신의 언어가 아니라 하나님의 말씀이기 때문입니다. 하나님이 말씀하시면 이루어질 것을 믿고 그는 다시 일어나 광야를 향해 걸어갈 수 있었습니다.

"하나님은 인생이 아니시니 식언치 않으시고 인자가 아니시니 후회가 없으시도다 어찌 그 말씀하신 바를 행치 않으시며 하신 말씀을 실행치 않으시랴"

(민 23:19, 개역한글).

말씀 묵상은 하나님의 말씀으로 말을 이기는 승리의 현장입니다.

3장

말씀 묵상은
엎드림입니다

엎드림 없이 우리의 완고함은
좀처럼 깨어지지 않습니다.

말씀이 우리 삶에 부딪치면,
바로 그 앞에 엎드려 기도하게 됩니다.
이것이 말씀을 읽고 묵상하는 사람에게
주시는 복 중의 복입니다.

나의 간구가 주의 앞에
이르게 하시고
주의 말씀대로
나를 건지소서

(시 119:170)

기도가 참으로 하나님과 나누는 대화가 되려면 규칙적으로 성경을 깊이 묵상하고 그분의 거룩한 음성을 듣는 과정이 필수적입니다.

- 팀 켈러, 《기도》(두란노) 중에서

기도는 홀로 주님을 만나는 시간입니다. 그곳에서 가식은 힘을 잃습니다. 멋진 표현으로는 통하지 않습니다. 진심만이 소통하고 힘을 발휘합니다.

말씀 묵상은 멋지고 감동적인 표현을 찾아내는 수업이 아닙니다. 적용거리를 찾아내는 시간은 더욱 아닙니다. 참된 적용은 홀로 하나님 앞에 엎드리는 곳에서 일어나야 합니다. 아무도 보는 이 없을 때 하나님 앞에서 드리는 솔직한 고백이기 때문입니다. 완전하지 않아도 그렇게 마음에 부딪친 말씀을 붙들고 엎드려 기도하는 것이 적용의 출발점입니다.

만일 엎드리지 않고 말로만 적용을 나눈다면 자신을 속이는 일이 될 수 있음을 명심해야 합니다. 변화가 없는 적용의 언어는 위험합니다. 적용은 주님을 닮아가기 위한 몸부림입니다. 그곳에 다다르기 위해선 주님 앞에 엎드려야 합니다. 말씀을 묵상하다 깨닫게 되면 기도가 터지게 됩니다. 묵상의 깨달음에서 비롯되는 기도, 그것이 "엎드림"입니다.

"하나님의 말씀이 빈 들에서 사가랴의 아들 요한에게 임한지라" (눅 3:2b).

말씀 묵상의 출발점은 홀로 주님 앞에 나아가는 것입니다. 말씀을 읽는 그 시간은 세상 속의 광야, 즉 빈 들이 됩니다. 기다림의 시간입니다. 그때 빈 들에서 '나 자신'에게 말씀하시는 하나님을 만나게 됩니다. 그 자리에서 하나님이 열어 주시는 말씀에 부딪치게 됩니다. 깨달음의 시간입니다.

기도의 자리는 깨달은 말씀을 삶으로 옮기는 첫 순간이 됩니다. 참된 적용은 변화를 가져오기에 기도의 고통을 통과해야 합니다. 적용은 말이 아니라 삶으로 하는 것이기에 더욱 그렇습니다. 말씀 묵상과 적용을 나누는 모임에 참여하고 있다면, 기도의 씨름을 통과한 후에 나누기를 권합니다. 그렇지 않으면, 믿음이 있는 것처럼 보이고 싶은 '만용'이나 멋진 적용거리를 찾은 것처럼 말부터 먼저 하게 됩니다. 이러한 '경건의 모양'은 사람들이 모일 때 종종 일어날 수 있기에 주의해야 합니다. 반면, 기도는 자신을 형식적인 적용에서 벗어나게 하고 진실한 적용만을 남기는 통로가 될 것입니다.

말씀에 부딪칠 때 기도가 살아납니다

"내 마음을 주의 증거들에게 향하게 하시고 탐욕으로 향하지 말게 하소서 내 눈을 돌이켜 허탄한 것을 보지 말게 하시고 주의 길에서 나를 살아나게 하소서" (시 119:36-37).

말씀을 읽으면 기도하고 싶은 소원이 생깁니다. 특

별히 말씀 묵상 중에 하나님이 말씀을 깨닫게 하실 때 엎드려 기도할 수밖에 없는 시간들이 있습니다. 시편 기자는 자기의 마음이 탐욕으로 향하지 않게 해 주시기를 간구합니다. 더 나아가 헛된 것을 쳐다보지 않기를, 그리고 주의 길을 따라 살아가게 해 주시기를 엎드려 기도합니다. 왜 이런 기도를 드립니까? 하나님이 주신 어떤 말씀이 그의 마음에 부딪쳐 자신의 실상을 보았기에 그 기도가 터져 나왔을 것입니다.

"의무를 지나 기쁨에 이르는 길 찾기", 기도란 그런 여정입니다.

- 팀 켈러, 《기도》(두란노) 중에서

말씀 묵상의 축복 중 하나는 기도가 살아나는 것입니다. 말씀을 깨닫게 되는 순간, 즉 자신이 말씀에 부딪치는 것을 깨닫는 순간 그 말씀을 붙들고 기도하는 자리로 달려가게 됩니다. 말씀을 깨닫는 깊이가 깊을수록 기도도 더 깊어지게 됩니다.

"주를 경외하게 하는 주의 말씀을 주의 종에게 세우소서 내가 두려워하는 비방을 내게서 떠나게 하소서 주의 규례들은 선하심이니이다 내가 주의 법도들을 사모하였사오니 주의 의로 나를 살아나게 하소서"(시 119:38-40).

시편 기자는 주를 경외하게 만드는 주의 말씀을 자신에게 더 보여 달라고 간구하고 있습니다. 말씀은 하나님이 얼마나 놀라우신 분인지를 깨닫게 하는 것임을 알기에, 주의 말씀으로 자신을 가득 채워 달라고 기도합니다. 그리고 자신이 두려워하는 비방, 세상 사람들의 말이 자신에게서 떠나게 해 달라고 간구합니다. 말씀이 있어야 비방도 이기고, 어떤 어려움 속에서도 넘어지지 아니하고 자신을 살릴 것을 알기에 말씀을 사모한다고 고백합니다. 결국 말씀에 뿌리를 내리고 살게 해 달라는 기도처럼 들립니다. 그것이 사는 길임을 알기 때문입니다. 말씀에 부딪치면 기도가 터져 나옵니다. 그것이 묵상의 과정에서 일어나는 은총입니다.

"악인들의 줄이 내게 두루 얽혔을지라도 나는 주의 법을 잊지 아니하였나이다 내가 주의 의로운 규례들로 말미암아 밤중에 일어나 주께 감사하리이다 나는 주를 경외하는 모든 자들과 주의 법도들을 지키는 자들의 친구라 여호와여 주의 인자하심이 땅에 충만하였사오니 주의 율례들로 나를 가르치소서"(시 119:61-64).

한 사람의 값진 기도가 드려지는 장면입니다. 악인들이 줄로 묶어 버린다 해도 자신은 주의 법을 잊지 않았다는 고백은 내면의 영적 승리를 보여 줍니다. 악한 자들이 자신을 묶으면 어떤 감정을 갖게 됩니까? 두렵고, 복수하고 싶고, 증오하는 악한 감정만 커질 것입니다. 그러나 그런 때에 이 시편 기자는 주의 법을 잊지 않았다고 말합니다. 주의 말씀을 가슴에 품고 있으므로 기도하며 내면의 전쟁을 치르고 있는 것입니다. 말씀은 기도를 통해 삶에 장착됩니다.

적용은 현재의 순간에만 하는 것이 아닙니다. 깨달

아서 가슴에 새겨진 말씀은 한 달, 일 년, 십 년이 지나도 자신의 삶과 상황 속에 살아나 그 자리에 적용될 수 있습니다. 적용한 말씀을 주변 사람들과 나누기 전에 해야 할 것이 있습니다. 깨달은 말씀을 붙들고 기도함으로써 자신의 가슴속에 먼저 간직해야 합니다. 영성은 말씀의 지식을 액세서리처럼 겉에만 걸치거나 필요한 때 입었다가 다시 벗어두는 옷과 같은 것이 아닙니다. 말씀이 가슴에, 뼛속에 새겨질 때 영성이 됩니다.

"내가… 밤중에 일어나 주께 감사하리이다"(시 119:62)라는 고백은 기도를 통과하지 않고는 나올 수 없는 말씀입니다. 악한 자들에게 복수하고 싶지만 똑같이 반응하지 않겠다는 기도입니다. 우리의 불같은 성격으로 원수를 대하면 갈등과 전쟁은 끝나지 않습니다.

시편 기자는 밤중에 일어나 기도합니다. 화가 나서 잠이 오지 않아 일어났을 수도 있지만, 말씀이 기억나서 일어났을 수도 있습니다. 원수를 갚지 않게 해 주셔서 감사하다고, 참고 기다리게 해 주셔서 감사하다고 일어나 고백합니다.

> "교만한 자들이 거짓을 지어 나를 치려 하였사오나
> 나는 전심으로 주의 법도들을 지키리이다" (시 119:69).

기도하는 사람에게 말씀은 능력으로 역사합니다. 하나님의 말씀 때문에 복수가 기도로 바뀌고, 미움이 용서로 옮겨갈 수 있습니다. 시편 119편 105절에 나오는, "주의 말씀은 내 발에 등이요 내 길에 빛이니이다"라는 말씀이 이해됩니다. 가야 할 길을 모를 때 하나님의 말씀을 붙들고 기도하는 자에게 주님은 그 길을 비추어 주십니다.

> 훈련이란 자기 삶이 다른 것들로 가득 차지 못하게 막는 일이다. [⋯] 내가 계획했거나 의지하고 있는 일이 아닌 뭔가 새로운 일이 벌어질 수 있는 공간을 내는 것이다. [⋯] 기도하면 우리 가운데 사랑이 살아난다.
>
> - 헨리 나우웬, 《삶의 영성》(두란노) 중에서

"환난과 우환이 내게 미쳤으나 주의 계명은 나의 즐
거움이니이다"(시 119:143).

"Trouble and distress have come upon me, but
your commands are my delight"(psalm 119:143, NIV).

시편 기자는 사방으로 욱여쌈을 당할 때에도 주의
말씀이 나의 즐거움이 된다고 고백합니다. 말씀을 깨달
을 때 마음이 즐거워지고, 그 말씀을 기도로 실천할 때
욱여쌈을 당해도 평안을 누리게 됩니다.

말씀 묵상의 길은 자신이 살고 남을 살리며, 결국 하
나님의 영광을 드러내는 삶으로 이어집니다. "주의 법을
사랑하는 자에게는 큰 평안이 있으니"(시 119:165)라는 말
씀이 말씀 묵상의 여정 동안 마음에 새겨져 체화되기를
바랍니다.

말씀이 있어야 비방도 이기고,
어떤 어려움 속에서도 넘어지지 아니하고
자신을 살릴 것을 알기에
말씀을 사모합니다.

말씀 속에 나의 기도 제목이 있습니다

　말씀 묵상은 성경을 읽는 데서 시작합니다. 읽고 묵상하는 중에 깨닫게 되면 그 속에서 기도 제목이 보이기 시작합니다. 깨달음은 자연스럽게 기도로 이어집니다. 다음 말씀을 통해 그러한 경험을 나누어 보려 합니다.

　창세기 50장을 보겠습니다. 총리가 된 요셉이 모든 가족을 애굽으로 불러왔습니다. 가족과 함께 살던 중 아버지 야곱이 죽음을 맞습니다. 아버지가 죽자 형제들은 요셉에게 어떤 부탁을 합니다. 요셉은 바로에게 허락을 얻어 아버지 야곱을 고향인 가나안 땅에 장사 지내고 다시 애굽으로 돌아옵니다.

　"요셉이 아버지를 장사한 후에 자기 형제와 호상꾼과 함께 애굽으로 돌아왔더라 요셉의 형제들이 그들의 아버지가 죽었음을 보고 말하되 요셉이 혹시 우리를 미워하여 우리가 그에게 행한 모든 악을 다 갚지나 아니할까 하고 요셉에게 말을 전하여 이르되 당신의 아버지가 돌아가시기 전에 명령하여 이르시기를 너희는 이같이 요셉에게 이르라 네 형들이 네게 악을 행하였을지라도 이제 바라건대 그들의 허물과 죄를 용서하라 하셨나니 당신 아버지의 하나님의 종들인 우리 죄를 이제 용서하소서 하매 요셉이 그들이 그에게 하는 말을 들을 때에 울었더라"(창 50:14-17).

요셉의 형들은 아버지가 돌아가시자 두려운 마음과 의심이 함께 들었습니다. 그동안 아버지가 계셨기에 요셉이 그들을 선대한 것이 아닐까 의심했던 것입니다. 이제 아버지가 계시지 않으니 요셉이 그들에게 악을 악으로 갚는 복수를 하지 않을까 불안했습니다.

두려웠던 형들은 요셉을 찾아갑니다. 그리고 마치 아버지의 말을 전하는 것처럼, 아버지가 자신들을 용서해 주라 하셨다고 요셉에게 말합니다. 이 말은 진실입니까, 거짓입니까? 누가 보아도 거짓입니다. 그런데 그 말을 들은 요셉은 웁니다. 형들을 만나고 나서 여섯 번째로 우는 장면입니다. 요셉은 왜 우는 것입니까?

> "그의 형들이 또 친히 와서 요셉의 앞에 엎드려 이르
> 되 우리는 당신의 종들이니이다" (창 50:18).

이 말을 하는 자들은 요셉의 형들입니다. 17절에서
형들은 자신들을 "당신 아버지의 하나님의 종들"이라고
표현합니다. 물론 신앙이 있는 것처럼, 그리고 겸손하
게 표현하려는 의도가 느껴집니다. 하지만 그 뒤에는 그
들의 비굴함이 보이기도 합니다. 형들은 동생 요셉 앞에
엎드리기까지 합니다. 그리고 자신들의 정체성을 '요셉
의 종'으로 고백합니다. 과거의 죄를 벌하지 말고 살려
달라는 뜻입니다.

그러나 울고 있던 요셉은 전혀 다른 답을 내놓습니다.

> "요셉이 그들에게 이르되 두려워하지 마소서 내가
> 하나님을 대신하리이까 당신들은 나를 해하려 하였
> 으나 하나님은 그것을 선으로 바꾸사 오늘과 같이
> 많은 백성의 생명을 구원하게 하시려 하셨나니 당신

들은 두려워하지 마소서 내가 당신들과 당신들의 자녀를 기르리이다 하고 그들을 간곡한 말로 위로하였더라"(창 50:19-21).

요셉의 말은 많은 깨달음을 줍니다. 하나님이 열어 주실 때 그 깨달음은 더 깊어집니다. 묵상을 깊이 있게 하는 길 중 하나는 말씀의 현장 속으로 직접 들어가 보는 것입니다. 그 속에서 묵상하고, 영적 상상력을 동원해 주님의 마음을 헤아려 보는 것입니다.

기독교의 유산 중 '렉시오 디비나'(Lectio Divina)가 있습니다. '거룩한 독서'라는 뜻입니다. 말씀을 읽는 것(lectio)에서 묵상(meditatio), 기도(oratio), 더 깊은 묵상(contemplatio)으로, 즉 주님 안에서 점점 더 깊은 기쁨의 자리로 나아가는 것입니다. 이러한 과정은 같은 말씀을 여러 번 읽고 묵상하는 과정을 통해 주님이 깨닫게 하시는 것에 더 집중할 수 있도록 도와줍니다.

기독교 영성의 역사에는 더 깊은 묵상을 위해 자신이 말씀의 현장 속으로 들어가 볼 것을 권면하는 길도 있습니다. 보다 실제적으로 느껴 보고 공감할 수 있도록 돕기 위해서입니다. 또한 자신의 삶을 통해 영적 상상력을 발휘할 수 있기 때문입니다. 이러한 과정은 말씀이 자신의 삶에 부딪치게 하는 데 큰 도움이 됩니다.

요셉과 형들이 대화하고 있는 현장에 들어가 보면 훨씬 더 많은 것을 발견하고, 훨씬 더 예민하게 느낄 수 있습니다. 예를 들면, 내가 형 중 하나였다면 요셉에게 그런 말은 하지 않았을 것이라고 생각하거나, 내가 요셉이었다면 형들에게 하고 싶은 말을 다한 다음에 용서하고 안심시켰을 거라고 생각할 수 있습니다. 각자 자신의 상황에 따라 여러 가지 상상이 공존할 수 있습니다. 하지만 묵상의 중심은 언제나 '하나님이 원하시는 말씀을 듣는 것'입니다. '하나님, 저에게 무슨 말씀을 하고 싶으십니까?'라는 마음 자세로 그 자리에 있어야 합니다.

창세기 50장 16-21절에는 두 종류의 말이 있습니다. 형들의 말과 요셉의 말입니다. 형들은 요셉의 종들이 될 테니 살려 달라고 말하지만, 여기에는 거짓이 담겨 있습니다. 요셉은 모든 것은 하나님께 달려 있으며 자신은 형들의 가족을 끝까지 돌보겠다는 위로의 말을 하는데, 여기에는 사랑과 진실이 담겨 있습니다.

형들의 거짓말에 숨어 있는 동기는 무엇입니까? 두려움입니다. 살아남기 위한 말을 하는 것입니다. 아무리 살기 위해서라도 성경은 거짓말을 옳다고 하지 않습니다. 심지어 두 가지 중 어떤 선택을 하더라도 나쁠 수밖에 없을 경우에 어쩔 수 없이 그중 하나를 선택했더라도, 그 선택은 옳은 것이 아니라 덜 나쁜 것(lesser evil)을 택하는 것입니다. 그러나 요셉의 형들은 의도적으로 거짓말을 했습니다.

형들은 요셉의 복수가 두려워 거짓말을 합니다. 돌아가신 아버지의 부탁이니 그들을 용서하라고, 그들의 생각을 마치 아버지의 유언처럼 전합니다. 심지어 그들은 스스로 요셉의 종들이라고 낮춥니다. 그들이 이렇게까지 하는 가장 큰 이유가 무엇일까요? 사람은 언제 그리고 왜 이렇게 추해지는 것일까요?

사람은 자신이 감추고 있는 죄를 해결하지 않고 살

다 그것이 드러날 경우 어떤 행동을 취할지 모르는 존재입니다. 그 순간을 모면하기 위해 비굴한 언어를 사용하며 고비를 넘기려 할 수 있습니다. 진심도 아니고 자신을 낮추는 겸손은 더욱 아닙니다. 복잡한 언어의 실체는 자기 내면의 모습일 것입니다. 정직한 말을 할 수가 없습니다. 형들은 두려움을 피하기 위해 거짓을 택하기보다는 정직하게 그들의 죄를 고백했어야 합니다. 그런데 형들은 아버지가 그들의 죄를 용서해 주라고 했다고 하면서도 그들의 죄가 무엇인지 고백하지는 않습니다.

이런 완고함은 이 형제들만의 모습이 아닐 것입니다. 바로 '나'의 모습입니다. 말씀 앞에서 나의 모습이 보일 때 그 순간 나 자신이 깨어집니다. 말로 속인 것부터 행동으로 했던 거짓들이 밝히 드러납니다. 그때가 기도가 터지는 순간, 하나님 앞에 엎드려 죄를 토하는 시간입니다. 말씀이 내 삶을 드러낼 때 무엇을 기도해야 하는지 철저하게 깨닫고 그 앞에 엎드리게 됩니다. 그 기도의 자리는 삶을 변화시키는 은총의 자리가 됩니다.

그런데 더 놀라운 것은 요셉의 말입니다. 형들의 말

을 듣고 울던 요셉은 아름다운 말, 믿음의 말을 합니다. 자신은 형들을 처벌할 수 없다고 합니다. 자신이 하나님을 대신할 수 없다는 것은 믿음의 고백입니다. 요셉은 형들이 만든 악한 상황을 하나님이 선으로 바꾸셨으니, 자기 인생의 주인은 하나님이시라고 고백합니다.

이 말씀 앞에서 우리는 '하나님과 동행하는 사람은 상황이 주어가 될 수 없다'는 사실을 깨닫게 됩니다. 그 순간 기도가 터져 나오게 됩니다. "하나님, 저도 이런 믿음의 기도와 고백을 가지고 살게 해 주십시오."

믿음의 사람은 광야 같은 인생길에서 산전수전을 겪으면서도 하나님이 주어가 되어, 하나님이 원하시는 길로 걸어갑니다.

말씀은 기도를 낳습니다. 고난을 통과하는 사람에게 요셉의 언어는 믿음이 살아나도록 깨닫게 해 주시는 하나님의 도구입니다. 마치 형들이 팔아넘기지 않았다면 자신은 애굽의 총리가 될 수 없었다고 말하는 것처럼, 요셉의 고백은 믿음의 여유를 가지고 비극을 축복의 자리로 바꾸어 내고 있습니다.

말씀을 읽다 보면 '하나님, 저는 아직 멀었습니다. 목회자로서 설교를 아무리 많이 해도 제대로 살지 못하는 제 모습을 봅니다. 말도 바르게 못할 때가 너무 많습니다. 주님, 도와주십시오. 성숙한 믿음의 사람이 되도록 저를 붙들어 주십시오.' 하는 기도가 종종 터져 나옵니다. 이제 말씀 묵상을 통해 우리 안에 이런 기도가 살아나기를 바랍니다. "하나님, 요셉이 당한 것과 같은 상황에서 요셉과 같은 말을 할 수 있도록 저를 변화시켜 주십시오."

요셉은 어떻게 이런 말을 할 수 있었을까요. 물론, 말하기 전에 먼저 기도했을지도 모릅니다. 하나님께 무슨 말을 해야 할지 가르쳐 달라고 청했을지도 모릅니다. 하지만 우리는 요셉의 생애를 통해 깨닫는 바가 있습니다. 그는 노예로 팔려갈 때에도, 보디발의 집에서 누명을 쓰고 감옥에 갔을 때에도, 변함없이 한 것이 하나 있습니다. 바로 하나님 곁에 머무른 것입니다. 주님과의 동행입니다.

성경은 요셉을 "하나님의 영에 감동된 사람"(창 41:38)

이라고 소개합니다. 물론 요셉의 삶에 실수가 없었던 것은 아닙니다. 하지만 그의 삶을 묵상하면서 기도 제목이 떠오릅니다. 어쩌다가 한 번이 아니라, 늘 마음속에 계신 주님으로 인하여 다른 이들에게 격려와 위로의 말을 할 수 있는 사람이 되고 싶다는 기도입니다.

요셉에게는 격려와 위로의 말을 할 수 있는 영적인 여유가 있었습니다. 그것은 주님과의 동행, 주님 안에서의 기쁨으로부터 왔을 것입니다. 요셉과 형들의 대화를 읽다가 어느새 기도는 '주님과 동행하는 사람이 되게 해 주옵소서'까지 나아갑니다.

기도 없이 변화는 불가능합니다. 엎드림 없이 우리의 완고함은 좀처럼 깨어지지 않습니다. 지속적인 기도 없이 거룩한 습관을 갖는 것은 불가능합니다. 말씀 묵상의 축복 중 하나는 우리가 하나님이 주신 말씀을 붙들고 그 앞에 엎드려 기도하는 사람이 되게 하는 것입니다.

말씀 묵상을 숙제처럼 빨리 해치우려 하지 마십시오. 말씀 묵상 시간이 하나님이 무엇을 말씀하실지 귀 기울여 듣는 변화의 자리가 되게 하십시오. 그럴 때 말씀을 읽는 즐거움에 빠지고 기도가 터지는 자신의 모습을 보게 될 것입니다.

주님이 나를 아십니다

이 땅을 밟고 사는 삶 속에서 세상적인 욕망이 없는 이는 없을 것입니다. 사실 죄에 대한 욕망은 키울 필요도 없고 어디 가서 배울 필요도 없습니다. 배우지 않아도 평생 가지고 살기 때문입니다. 하지만 거룩한 갈망을 가지고 살려면 경건의 연습이 필요합니다. 하나님을 믿는 사람이라면 육적인 욕망이 너무 커져 있을 때 반드시 갈등하게 됩니다. 성령의 탄식하심이 있기 때문입니다.

"삭개오라 이름하는 자가 있으니 세리장이요 또한
부자라 그가 예수께서 어떠한 사람인가 하여 보고자
하되 키가 작고 사람이 많아 할 수 없어 앞으로 달려
가서 보기 위하여 돌무화과나무에 올라가니 이는 예
수께서 그리로 지나가시게 됨이러라" (눅 19:2-4).

누가복음에 등장하는 삭개오 이야기에서 우리는 한 사람의 내면에서 벌어지는 갈망의 충돌을 보게 됩니다. 그를 어떻게 소개하고 있습니까? 세리장, 부자 그리고 키가 작다는 세 가지로 정리됩니다. 세리장인 그는 혹독하게 세금을 걷어 돈을 많이 벌었습니다. 하지만 그만큼 동족의 욕을 먹으며 살아야 했습니다. 그는 부자는 되었지만, 존경받는 인물은 될 수 없었습니다. 성경에 이유가 나와 있진 않지만, 그런 삭개오가 예수님이 오신다는 소문을 듣고 그분을 보고 싶어 했습니다. 그런데 사람이 너무 많았습니다. 그래서 그는 나무 위로 올라갔습니다.

"예수께서 그곳에 이르사 쳐다보시고 이르시되 삭개오야 속히 내려오라 내가 오늘 네 집에 유하여야 하겠다 하시니" (눅 19:5).

위 장면들은 너무 익숙한 본문이지만 묵상할 때에는 언제나 새로운 마음으로 기다려야 합니다. 우리가 알고 있는 지식으로 성급하게 결론을 내리려고 할 때 묵상은 국어 수업이 되고 숙제가 됩니다. 말씀 묵상은 기다림이며 열어 주심으로 깨닫는 것이고, 그 깨달은 것을 붙들고 기도하는 과정입니다. 다시 이 본문을 여러 번 읽어 보면서 주님이 열어 주시길 기다려야 합니다. 그때 각자에게 주시는 말씀이 있기 때문입니다.

죄와 욕심이 있는 곳에 갈등이 있습니다. 삭개오는 돈을 버는 만큼, 고민과 갈등도 커졌던 것 같습니다. 사람들이 너무 많이 몰려든 것을 보고 포기할 수 있었는데도 그는 나무 위에까지 올라가 예수님을 기다리고 있었습니다. 그런데 마치 예수님을 보고 싶어 하는 삭개오의 마음을 다 알고 계신 것처럼, 예수님은 삭개오를 쳐다보시고 그의 이름을 불러 주십니다. 그리고 그의 집으로 가서 머물겠다고 하십니다.

삭개오가 얼마나 놀랐겠습니까? 그렇게 만나고 싶었던 예수님이 "삭개오야!" 하고 이름을 불러 주셨을 때 말입니다. 얼마나 가슴이 뛰었겠습니까? '저분이 내 이름을 아시다니!' 숨이 멎을 듯한 순간이었을지 모릅니다. 사실 그는 예수님을 처음 보았습니다. 예수님이 죄인들의 친구라는 소문을 듣고 보고 싶었을지도 모릅니다. 자기 마음속 괴로움을 은밀하게 고백하고 싶었는지도 모릅니다. 그래서 조심스럽게 다가간 그에게 주님은 그의 이름을 부르셨습니다.

내가 나무 위에 올라간 삭개오가 되어 이 말을 듣는다고 상상하면 그 놀라움이 훨씬 더 생생하게 느껴질 것입니다. 주님이 나를 바라보시면서 나의 이름을 불러 주신다면 어떤 반응을 보일 것 같습니까? 삭개오는 무척 당황했을 것입니다. 어쩌면 펑펑 울었을지도 모릅니다. '주님이 나를 아시는구나!'라고 감격했을 것입니다. 처음 본 예수님이 자기의 이름을 안다는 것은 나의 모든 것을 알고 계신다는 뜻 아닙니까?

내가 삭개오였다면 이런 말이 터져 나왔을 것입니다. "주님이 내가 살아온 모든 여정을 아시는구나. 얼마나 탐욕스럽게 남의 돈을 거두어 내가 부자가 되었는지를, 엄청난 부자가 되었어도 마음에 안식이 없었던 것을, 다르게 사는 길은 없을까 고민하고 갈등하던 나를, 다른 길이 없어서 예수님을 보겠다고 달려온 나를 다 알고 계신다고 내 이름을 불러 주시는구나."

삭개오는 너무 기뻤습니다. 성경은 "급히 내려와 즐거워하며 영접하거늘"(눅 19:6)이라고 기록합니다. 그는 아마도 기뻐서 울고, 자기 마음을 알아주셔서 고마워서 울었을 것입니다. 주께서 삭개오를 아시는 것처럼, 하나님은 나의 앉고 일어섬을 아십니다(시 139:2).

주님이 아신다는 것은 힘든 자에게 위로이고, 쓰러진 자를 일으켜 주시는 힘입니다. 이어지는 삭개오의 모든 고백은 엎드려 드리는 기도가 됩니다. 이날 예수님은 초대받지 않은 집에 자진해서 심방을 가셨습니다. 그리고 "오늘 구원이 이 집에 이르렀으니"(눅 19:9)라고 선언하심으로 뜻밖의 심방을 마치십니다.

이 본문에서 신기한 것이 있습니다. 예수님은 왜 그 많은 사람들 가운데서 삭개오를 보고 나무에서 내려오라 하신 것일까요? 맹인 바디매오는 소리를 질렀기 때문에 예수님이 들으셨습니다. 하지만 삭개오는 소리치지 않았습니다. 그런데 주님은 그를 보셨습니다. 어떻게 그렇게 되었을까요?

바디매오는 목청으로 소리를 쳤지만 삭개오는 마음으로 소리치고 있었습니다. 예수님은 삭개오가 마음속으로 누구보다 주님을 찾고 있었음을 아셨을 것입니다. 여기서 우리는 하나님은 욕심으로 살던 자의 마음속에 있는 변화에의 갈망, 들리지 않는 소리까지 들으시는 분임을 알 수 있습니다. 갈망, 이것이 주님을 만나는 시작입니다.

우리의 신앙 여정에는 늘 갈망이 존재합니다. 육적인 갈망과 영적인 갈망입니다. 삭개오는 육적 갈망의 지배를 너무 오래 받고 살아왔습니다. 그래서 그 올무에서 벗어나고 싶었습니다. 그런 그의 삶을 바꾸어 주신 한마디는 "삭개오야!"라고 그의 이름을 불러 주신 주님의 음성이었습니다. 이 말씀 앞에서 우리의 이름을 알고 불러주시는 주의 음성을 듣는다면, 그날에 우리는 변화될 것입니다. 주님을 모시고 자신의 방에서 엎드려 기도하는 날이 됩니다. 삭개오를 불러 주신 그 말씀이 오늘 '나'를 불러주시는 것임을 알기 때문입니다. 바로 그곳에서 거룩한 갈망은 일어납니다.

주님이 내가 살아온
모든 여정을 아시는구나.
다르게 사는 길은 없을까
고민하고 갈등하던 나를,
다른 길이 없어서 예수님을 보겠다고
달려온 나를 다 알고 계시는구나.

말씀 때문에 기도가 달라집니다

밴쿠버의 리젠트 칼리지에서 유학하던 시절, 유진 피터슨의 '예수님과 기도'(Jesus and Prayer)라는 강의를 들은 적이 있습니다. 중간 과제물 중 하나는 모든 학생들이 이런 묵상을 통과하여 성경의 내용을 자기 이야기로 새롭게 써서 제출하는 것이었습니다.

주어진 본문은 마태복음 17장의 변화산 사건이었고, 우리는 마치 자신이 그 현장에 있었던 사람처럼 주님과 제자들과 대화하며 그 산에 오르고 내려오는 이야기를 자신의 묵상을 통해 써 보아야 했습니다. 그 과정 중에, 저는 이전에 전혀 볼 수 없었고 느낄 수 없었던 묵상과 깨달음들 그리고 거기에서 비롯되는 기도 제목들이 생겨나는 것을 경험했습니다.

우선 베드로와 야고보, 요한과 함께 선택된 제가 주님을 좇아 그 산에 오르는 것이 마치 특권처럼 느껴졌습니다. 처음부터 약간의 교만이 올라오기 시작한 것입니다. 주님이 더 많은 것을 보여 주시면 사명도 더 많다는 사실을 알았어야 하는데 그저 특권층에 뽑힌 것에 만족하는 제 모습을 그 묵상 속에서 보았습니다. 이러한 묵상의 과정은 '분명히 내가 성경을 읽고 있는데 거꾸로 성경 말씀이 나를 읽는 일'이 쉽게 벌어질 수 있음을 깨닫게 했습니다. 묵상을 시작하자마자 말입니다. 더 읽고 싶지 않았습니다. 바로 기도해야 그다음을 평안히 묵상할 수 있을 것 같았습니다.

"하나님, 교만이 저에게 가득합니다. 그래도 저를 데리고 가실 수 있겠습니까?" 말씀 때문에 터져나오는 기도에는 가식이 존재할 수 없었습니다. 하나님과 나 사이에서만 벌어지는 일이기 때문입니다.

산에 오르는 과정은 한 절로 표현되었음에도 상상력을 동원하면 올라가는 과정에서 주님과 나눈 수많은 대화를 써 내려갈 수 있었습니다. 물론 그것은 주관적 상상일 뿐입니다. 그리고 변화산에 올랐을 때 그들 앞에서, 아니 제 앞에서 예수님이 변형되시는 장면을 목격하고 있음을 상상해 보았습니다. 심지어 모세와 엘리야가 소환되어 예수님과 대화하는 장면이 등장할 때 아무 말도 못한 채 숨소리 하나 내지 못하고 있어야 했습니다. 사실 그 대화에 끼어들고 싶었습니다.

그 장면은 천국과 같았습니다. 천국이 이 땅에 내려오는 광경이었습니다. 베드로가 드디어 입을 열었습니다. "주여 우리가 여기 있는 것이 좋습니다." 제가 할 말을 그가 한 것뿐입니다. 초막 셋이 아니라 다른 제자들도 여기에 머물도록 더 짓자고 할 판이었습니다. 수많은 상상이 머릿속을 맴돌았습니다. 물 위를 걸으시는 주님을 보면 물 위를 걷고 싶은 것이 우리들입니다.

기적과 특별한 현상은 우리의 눈과 마음을 빼앗습니다. 더 무서운 것은 다른 것을 잊는다는 것입니다. 우리가 매일 감당해야 할 일상도 뒷전이 될 수 있습니다. 신앙은 이 땅을 무시하는 것이 아닙니다. 이 땅에서 하나님의 말씀을 따라 주어진 삶을 걸어가는 것입니다. 하지만 신비 앞에서 현실이 희미해집니다. 베드로는 주님과 여기에서 살고 싶다는 고백을 했습니다. 저 역시 잠시라

할지라도 내려가고 싶지 않았습니다.

바로 그때, 구름 속에서 말씀이 들려옵니다. "이는 내 사랑하는 아들이요 내 기뻐하는 자니 너희는 그의 말을 들으라"(마 17:5) 하십니다. 두려워 엎드렸다고 기록하지만 그것은 눈으로 목격하는 광경이 아니라 들리는 말씀이었습니다. 어떤 현상이 아니라 말씀이 우리의 길이 됩니다.

제자들이 눈을 들고 볼 때, "오직 예수 외에는 아무도 보이지 아니하더라"(마 17:8)라고 기록하고 있습니다. 현상에서 말씀으로 그리고 그 말씀은 예수님 한 분만 보도록 안내했습니다.

마치 신비한 꿈속에 머물다가 다시 정신 차리고 깨어난 듯 말씀에 귀를 기울이게 되는 장면입니다. 신앙의 길을 걷다 보면 예수님만 바라보고 가야 하는데 때론 기웃거리고 싶은 곳이 많습니다. 예수님이 하나님이심을 더 드러내 주시는 장면인 것은 분명합니다. 하지만, 그 예수님보다 특별한 현상에 사로잡힐 수 있는 것이 저이고 인간임을 봅니다.

기적은 표지판입니다. 하나님께로 갈 수 있도록 돕는 도구입니다. 그러나 우리는 표지판을 목적지로 오해할 수 있습니다. 그곳에 머물러선 안 됩니다. 우리가 살아가야 할 삶의 현장이 있기 때문입니다.

이 변화산 사건의 다음 말씀은 이렇게 기록됩니다.

"그들이 산에서 내려올 때에 예수께서 명하여 이르시되 인자가 죽은 자 가운데서 살아나기 전에는 본 것을 아무에게도 이르지 말라 하시니" (마 17:9).

저는 이 과제물을 제출하면서 이렇게 썼던 기억이 납니다. 성경에는 없지만, 예수님이 우리에게 '내려가자'라고 말씀하셨다고 말입니다. 올라가자 하신 분이 내려가자 하십니다. 그리고 아무에게도 본 것을 말하지 말라고 당부하십니다. 등산을 하는 이유는 모두가 내려오기 위함입니다. 그 땅에서 더 건강하게 살고 싶어 산을 오르곤 합니다. 우리에게 신비를 보여 주시는 경우가 있다면 내려오기 위함입니다. 이 땅에서 남은 사명을 잘 감당하라고 주시는 체험입니다. 우리의 최종 목적지는 하나님께 이르는 것입니다.

주님 곁에 있는 것처럼 질문해 보았습니다. '왜 이런 신비를 보여 주셨습니까?' 주님은 제자들 곁을 떠날 날이 오고 있음을 아셨기에 더 견고한 믿음 위에 서 있기를 원하셨던 것 같습니다. '내가 보이지 않아도 너희들이 믿음을 지킬 수 있겠느냐? 이 길을 잘 걸어갈 수 있겠느냐?' 마치 맛있고 따뜻한 밥을 사 주시고 힘내라고 하시는 아버지의 마음을 보는 듯했습니다.

변화산은 주님이 변형되신 산이지만, 제 마음속에 변화가 일어나기를 기대하시는 주님을 보여 주는 산이 되었습니다.

우리는 얼마만큼 변할 수 있을까요? 말씀 속에서 그 기도가 나왔습니다. "말씀 붙들고 씨름해 보겠습니다. 힘들고 지치고 포기하고 싶을 때 주님을 다시 바라보겠습니다. 저를 데리고 산으로 올라가 주신 주님, 세상 속으로 멀리 들어가 지쳐 있을 때 우물가에서 기다리고 계셨던 주님을 기억하겠습니다. 다르게 살기를 원하시는 주님의 마음을 품고 산을 내려온 것처럼, 그 길 가도록 몸부림쳐 보겠습니다."

말씀은 우리를 자꾸 기도하게 합니다.

고난을 통과하는 작은 이야기

말씀 묵상은 어떤 방법론을 외워서 그대로 따라가는 것이 아닙니다. 말씀을 읽고 자신이 처한 상황에서 하나님이 열어 주시는 것을 깨달아 가는 과정입니다. 시간을 5분, 10분밖에 낼 수 없다면 잠깐 몇 절만 읽고 기도해도 됩니다. 다만 중요한 것은, 그 시간이 자신을 가장 사랑하시는 하나님을 만나러 가는 시간이어야 합니다. 그때 말씀을 읽는 사람에게 하나님은 다양한 방법으로 나타나실 것입니다. 말씀을 읽을 때 하나님의 역사가 시작됩니다. 그 깨달음을 통해 주시는 하나님의 은혜를 맛보고 알아 가는 것이 묵상입니다.

룻기 안에도 하나님이 감추어 두신 은혜가 있습니

다. 모압 땅에서 두 아들을 잃은 나오미와 며느리 룻은 나오미의 고향인 베들레헴으로 이주합니다. 룻은 남편 가족을 통해 하나님에 대한 믿음을 배웠을 것입니다. 십여 년 만에 돌아온 나오미를 향해 고향 사람들이 수군거릴 때, 나오미는 자신이 당한 괴로움을 그대로 드러냅니다.

"나오미가 그들에게 이르되 나를 나오미라 부르지 말고 나를 마라라 부르라 이는 전능자가 나를 심히 괴롭게 하셨음이니라 내가 풍족하게 나갔더니 여호와께서 내게 비어 돌아오게 하셨느니라 여호와께서 나를 징벌하셨고 전능자가 나를 괴롭게 하셨거늘 너희가 어찌 나를 나오미라 부르느냐 하니라"(룻 1:20-21).

나오미는 남편과 아들 둘을 잃고 빈 몸으로 돌아오게 된 상황이 고통스러웠을 것입니다. 거기에다 홀로 된 이방인 며느리와 같이 온 것도 마음에 걸렸을 것입니다. 그 괴로움은 고스란히 하나님을 향한 원망으로 쏟아집니다. 풍족했던 자신을 하나님이 빈손으로 돌아오게 하셨다고 괴로운 심경을 토로합니다. 믿음이 있는 사람도 고난이 크면 흔들릴 때가 있습니다. 분명 며느리 룻에게 믿음을 전해 준 사람은 나오미였을 텐데 그 믿음이 보이지 않는 장면입니다.

집안에 남자 없이 시어머니와 며느리 두 사람이 살아가는 것은 만만치 않았습니다. 룻이 먹을 것을 구하기 위해 이삭을 주우러 나가겠다고 하자 나오미는 허락합니다. 이삭을 줍는 이유는 모세오경에 잘 기록되어 있습니다. 하나님은 홀로된 과부와 고아 그리고 나그네를 위하여 추수 때에 밭에 떨어진 이삭은 줍지 말라고 명하셨습니다. 룻은 큰돈을 벌러 나간 것이 아닙니다. 그저 오늘 먹을 양식을 위해 이삭을 주우러 갔습니다.

"모압 여인 룻이 나오미에게 이르되 원하건대 내가 밭으로 가서 내가 누구에게 은혜를 입으면 그를 따라서 이삭을 줍겠나이다 하니 나오미가 그에게 이르되 내 딸아 갈지어다 하매 룻이 가서 베는 자를 따라 밭에서 이삭을 줍는데 우연히 엘리멜렉의 친족 보아스에게 속한 밭에 이르렀더라"(룻 2:2-3).

룻의 이야기는 뜻밖의 상황으로 전개됩니다. 이삭을 주우러 간 곳이 마침 자신의 시아버지 엘리멜렉의 친척인 보아스 소유의 밭이었습니다. 보아스는 종들에게 룻이 누구인지 물었고, 모압에서 시어머니를 따라온 나오미의 며느리라는 것을 알게 됩니다. 그 이야기를 들은 보아스는 룻과 종들에게 이렇게 말합니다.

"보아스가 룻에게 이르되 내 딸아 들으라 이삭을 주우러 다른 밭으로 가지 말며 여기서 떠나지 말고 나의 소녀들과 함께 있으라 그들이 베는 밭을 보고 그들을 따르라 내가 그 소년들에게 명령하여 너를 건드리지 말라 하였느니라 목이 마르거든 그릇에 가서 소년들이 길어 온 것을 마실지니라 하는지라"(룻 2:8-9).

뜻밖의 호의를 입은 룻은 당황합니다. 그리고 자신

같은 이방 여인에게 베풀어 준 은혜에 감사의 마음을 전합니다. 이때 룻이 우연히 시가의 친족 보아스의 밭에 온 것처럼 보이지만 이는 하나님의 배려임이 분명합니다. 우리 삶 속에는 하나님의 은밀한 인도하심이 있습니다. 특히 하나님의 말씀을 따라 살아가려는 사람에게는 도우시는 은혜가 선명하게 드러나곤 합니다. 룻을 향한 보아스의 말을 보면 더욱 그렇습니다.

"보아스가 그에게 대답하여 이르되 네 남편이 죽은 후로 네가 시어머니에게 행한 모든 것과 네 부모와 고국을 떠나 전에 알지 못하던 백성에게로 온 일이 내게 분명히 알려졌느니라 여호와께서 네가 행한 일에 보답하시기를 원하며 이스라엘의 하나님 여호와께서 그의 날개 아래에 보호를 받으러 온 네게 온전한 상 주시기를 원하노라 하는지라" (룻 2:11-12).

보아스는 룻이 그동안 행한 일을 알게 되었다고 말합니다. 그리고 룻의 섬김과 사랑에 대하여 하나님이 온전히 상 주시기를 바란다며 축복합니다. 룻과 보아스의 만남은 하나님의 배려처럼 보입니다. 결국 이 이야기의 끝은 룻과 보아스가 결혼하여 다윗의 조상이 된다는 기적 같은 이야기로 이어집니다.

룻기의 마지막 장은 이들의 후손이 다윗을 낳았다는 족보로 마무리됩니다. 그리고 그 계보는 마태복음 1장에 소개된 예수님의 족보에 그대로 다시 등장합니다. 모압 여인 룻이 예수님의 조상이 된다는 놀라운 이야기는 하나님이 써 가시는 역사임이 분명합니다.

비극으로 출발했던 이야기가 다윗의 조상을 넘어 예수님의 조상이 되었다는 놀라운 이야기의 시작은 이삭줍기였습니다. 사람은 상황이 어려워지면 뜻밖의 횡재, 일확천금 같은 극적인 전환을 기대하곤 합니다. 빨리 그 가난과 비극의 자리에서 벗어나고 싶기 때문입니다. 하지만 룻기 2장은 이삭줍기를 소개합니다. 이 이야기는 가진 것이 아무것도 없을 때, 아무 희망도 보이지 않는 상황에 처했을 때, '네가 시작할 수 있는 가장 작은 것을 하라'는 주님의 음성처럼 들립니다. 룻이 비정상적인 방법으로 돈 버는 길을 구하지 않고 가장 작아 보이는 길,

이삭을 줍는 초라한 길로 나아갔을 때, 하나님은 보아스의 밭을 준비해 두시고 만나 주셨습니다. '어려울수록 낙심하지 말고 지금 할 수 있는 작은 일 하나를 시작하라'는 이 깨달음은 어려움 앞에서 어떤 선택을 해야 하는지를 가르쳐 주었고, 제 삶의 원칙 중 하나가 되었습니다.

이 말씀은 당장 적용할 수도 있지만, 평생 적용할 수 있다는 것을 알게 해 주었습니다. 가족과도 이 말씀을 나누었고, 교회에서 룻기 본문으로 설교할 때도 나누었습니다. 그리고 수년이 흘렀습니다. 어느 셀 모임에 초대를 받아 갔다가 성도 한 분을 만났습니다. 그분은 저에게 룻의 이삭줍기에 대한 말씀을 듣고 자신의 인생이 바뀌었다고 이야기해 주었습니다.

그분은 어렵게 이민 생활을 하면서도 자신은 할 수 있는 것이 아무것도 없어 낙심하고 있던 때에 룻기 말씀을 들었고, 자신이 할 수 있는 가장 작은 일을 시작해 보라는 말에 용기를 얻었다고 했습니다. 그래서 비록 영어는 조금 서툴지만 일자리를 얻기 위해 식당 문을 두드렸는데, 뜻밖에 취직이 되었고 지금은 매니저로 일하고 있다는 간증이었습니다. 기쁨과 눈물로 그 이야기를 나누는 그분을 보며 묵상의 소중함을 다시 한 번 느꼈습니다.

하나님이 깨닫게 해 주셨던 그 말씀이 누군가에게 작은 도움이 될 수 있다는 사실이 기뻤습니다. 한 사람에게 깨닫고 적용하도록 주신 말씀이 다른 사람을 살릴 수 있다는 하나님의 섭리를 깊이 간직하게 되었습니다. 하나님이 행하시는 일에는 경계가 없습니다. 지금도 룻기가 전해 준 작은 원칙, 아무것도 할 수 없는 것처럼 보일 때 허황된 것을 바라지 말고 자신이 할 수 있는 가장 작은 것 하나를 시작하라는 그 원칙은 살아서 숨 쉬고 있습니다.

하나님이 깨닫게 해 주신 말씀은 어떻게 이렇게 오래 남을 수 있습니까? 말씀이 곧 능력이기 때문입니다. 말씀이 임하면, 말씀이 우리 삶에 부딪치면, 바로 그 앞에 엎드려 기도하게 됩니다. 이것이 말씀을 읽고 묵상하는 사람에게 주시는 복 중의 복입니다.

　말씀 묵상은 이삭줍기를 시작하는 첫 걸음입니다.

'어려울수록 낙심하지 말고
지금 할 수 있는 작은 일 하나를
시작하라'는 이 깨달음은
어려움 앞에서 어떤 선택을
해야 하는지를 가르쳐 주었고,
제 삶의 원칙 중 하나가 되었습니다.

4장

말씀 묵상은
닮아감입니다

말씀 묵상은 주님의 마음을
알고 싶은 갈망입니다.

그 갈망은 우리로 주님을 닮아가는 곳에
다다르게 할 것입니다.

덧없는 세상살이에서 나그네처럼
사는 동안, 주님의 율례가 나의 노래입니다.
주님, 내가 밤에도 주님의 이름을 기억하고,
주님의 법을 지킵니다.

(시 119:54-55, 새번역)

알렉산더를 그린 화가는 손가락으로 그의 얼굴에 난 상처를 어루만졌다. 그리스도께서는 신자의 상처에 긍휼의 손가락을 갖다 대신다. 그분은 오물이 묻어 있다는 이유로 자신의 진주를 내버리지 않으신다. 우리에게 그분의 사랑을 받을 만한 것이 아무것도 없다는 사실을 기억하면, 그분의 사랑이 한층 더 놀랍게 느껴진다. 그리스도께서 우리를 사랑하신 이유는 우리가 가치 있어서가 아니다. 그분은 우리를 사랑하심으로써 우리를 가치 있게 만드셨다.

- 토마스 왓슨, 《묵상의 산에 오르라》(생명의 말씀사) 중에서

묵상은 하나님이 어떠한 분이신지를 알아 가는 것과 동시에 우리가 누구인지를 깨달아 가는 과정입니다. 주님을 닮아가는 길은 주님을 아는 데서 비롯됩니다. 묵상이 우리를 기도의 자리로 인도합니다. 묵상의 목적은 실천, 즉 주님을 닮아가는 데 있기 때문입니다.

우리는 때론 주님 앞에 홀로 서는 것을 두려워합니다. 모든 것이 드러날 수 있기 때문입니다. 말씀을 묵상하다가 깨달아질 때, 그 말씀은 우리를 고독한 곳, 기도의 자리로 데려갑니다. 수치심을 주기 위해서가 아니라 우리를 고쳐 주기 위함입니다.

고독은 변화의 도가니다. 고독이 없으면 우리는 계속 사회의 피해자가 되어 거짓 자아의 환상에서 헤어나지 못한다. 예수님도 이 고독의 도가니 속에 들어가셨다. [...] 거기서 예수님은 하나님을 자기 정체성의 유일한 근원으로 확인하셨다. [...] 고독은 치열한 싸움의 자리이자 위대한 만남의 자리다. [...] 고독의 광야는 옛 자아가 죽고 새 자아가 태어나는 변화의 장소요 새 사람이 출현하는 곳이다. [...] 여기서 관건은 고독을 포기하지 않고 계속 골방에 남아 있는 것이다.

- 헨리 나우웬, 《마음의 길》(두란노) 중에서

"하나님의 말씀은 살아 있고 활력이 있어 좌우에 날
선 어떤 검보다도 예리하여 혼과 영과 및 관절과 골
수를 찔러 쪼개기까지 하며 또 마음의 생각과 뜻을
판단하나니" (히 4:12).

말씀 묵상은 말씀을 읽고 묵상하며 기다리는 시간입
니다. 묵상이 깊어질수록 하나님이 우리에게 하시는 말
씀을 듣고 깨닫게 됩니다. 히브리서 말씀은 여기서 한
걸음 더 나아갑니다. 말씀은 우리의 내면을 찔러 쪼개어
그 마음과 생각의 의도까지 판단하고 분별합니다. 그것
이 말씀의 역할입니다. 그 말씀 앞에 서는 사람은 자신
의 실체를 하나님께 고백할 수밖에 없기에 말씀은 한 사
람을 변화시키는 능력입니다.

"지으신 것이 하나도 그 앞에 나타나지 않음이 없고
우리의 결산을 받으실 이의 눈앞에 만물이 벌거벗은
것같이 드러나느니라" (히 4:13).

그분 앞에 서면 모든 게 드러나게 됩니다. 말씀을 읽

고 묵상을 할수록 더 고통스러울 수 있다는 뜻입니다. 그러나 그런 아픔에도 불구하고 주님 앞에서 철저하게 변화되고 싶다면 말씀을 더 가까이해야 합니다. 말씀 묵상은 하나님 앞에서 우리의 모든 것이 드러나는 시간입니다. 묵상의 자리는 말씀을 깨닫는 것과 동시에, 말씀에 의해 우리의 삶과 생각이 다 읽히고 판단되는 곳입니다. 그것을 각오한다면 이때의 고통은 기쁨의 고통입니다. 바로 그곳에서 변화가 분명하게 일어날 것이기 때문입니다.

우리는 아무 앞에서나 옷을 벗고 몸을 보여 주지 않습니다. 하지만 병이 들면 의사 앞에서 몸을 드러내 기꺼이 보여 줍니다. 사람은 자신을 고칠 수 있는 사람 앞에서만 자신을 열어젖힙니다. 하나님은 우리의 겉과 속을 다 보여 드릴 만한 분입니다. 우리를 지으셨고, 아시고, 고치실 수 있으며, 무엇보다 우리를 사랑하는 분이시기 때문입니다.

말씀 앞에 멈추어야 하는 날이 있습니다

왕이 된 다윗은 언약궤를 예루살렘으로 모셔 오고 싶어 했습니다. 자신을 죽이려던 사울왕에게서 도망 다니던 인생을 돌보신 주님의 은혜를 잊을 수 없었기 때문입니다. 그때까지 하나님의 임재를 상징하던 언약궤는 사람들의 관심 밖에 있었습니다. 이것은 당시의 영적 상태를 보여 주는 한 단면입니다. 다윗은 제사장 아비나답의 집에 있던 언약궤를 가져오기로 결정합니다.

"그들이 하나님의 궤를 새 수레에 싣고 산에 있는 아비나답의 집에서 나오는데 아비나답의 아들 웃사와 아효가 그 새 수레를 모니라" (삼하 6:3).

"그들이 나곤의 타작마당에 이르러서는 소들이 뛰므로 웃사가 손을 들어 하나님의 궤를 붙들었더니 여호와 하나님이 웃사가 잘못함으로 말미암아 진노하사 그를 그곳에서 치시니 그가 거기 하나님의 궤 곁에서 죽으니라" (삼하 6:6-7).

아비나답의 두 아들도 제사장이었습니다. 하지만 언약궤를 수레에 싣고 이동하던 중에 전혀 예상치 못한 사건이 발생합니다. 무슨 이유인지 모르지만, 소들이 갑자기 뛰기 시작한 것입니다. 아비나답의 아들 웃사는 손으로 하나님의 궤를 붙들었습니다. 아마 우리도 그 자리에 있었다면 반사적으로 그 궤를 붙들었을 것입니다. 하나님의 궤가 땅에 떨어지는 불상사를 막기 위한 것이니 잘못한 것으로 보이지는 않습니다. 그러나 놀랍게도 성경은 웃사가 잘못했으므로 하나님이 진노하사 그를 쳐서 그가 죽었다고 기록합니다.

왜 웃사의 행위가 잘못된 것일까요? 잘 이해되지 않습니다. 성경을 읽고 묵상하다 보면 우리의 지식과 머리로는 이해할 수 없는 본문을 만날 때가 있습니다. 그때에 고집스럽게 혼자 꿰맞추어 해석한다든지, 무조건 기다리며 머물 필요는 없습니다. 그 말씀을 해석한 책의 도움을 받아 그 의미를 알 수 있기 때문입니다. 배경 지식이 없으면 알 수 없는 내용을 혼자 고민하는 것은 지혜롭지 못합니다. 말씀을 연구한 학자들의 도움을 받으면 더 깊은 묵상과 적용을 할 수 있습니다. 왜냐하면 궁금했던 것들이 깨달아질 때 그 말씀이 마음에 오래 남기 때문입니다. 묵상을 할수록 깨달음에 대한 갈망이 커져 가는 것은 자연스러운 일입니다.

이 말씀은 그 시대적 배경을 이해할 때 밝히 드러납니다. 모세오경에는 성막을 이동할 때에는 제사장들이 언약궤를 메고 가라고 명시되어 있습니다. 그런데 왜 웃사와 아효는 언약궤를 수레에 싣고 이동했을까요? 혹시 이전에 언약궤를 수레에 싣고 이동한 적이 있었을까요? 이것이 먼저 해 보아야 할 질문입니다.

엘리 제사장 시절, 그의 두 아들 홉니와 비느하스는 하나님을 모르는 불량자였다고 기록되어 있습니다(삼상 2:12, 개역한글). 그들의 관심은 하나님이 아니라 제물에 있었습니다. 그들의 영적 타락은 하나님의 진노를 샀습니다. 사무엘상 4장은 그 당시 이스라엘과 블레셋의 전쟁을 기록합니다. 그 전쟁 중에 엘리의 두 아들은 죽임을 당했고, 하나님의 궤는 블레셋에 빼앗겼습니다. 영적인 실패와 국가적 패배를 겸한 비극 중의 비극이었습니다. 그 소식을 들은 제사장 엘리도 의자에서 뒤로 넘어져 죽습니다. 성경은 그때 하나님의 영광이 이스라엘에서 떠났다고 기록합니다.

문제는 블레셋에서도 일어납니다. 언약궤를 빼앗은 그들은 모든 것을 가진 것처럼 흥분합니다. 그리고 언약궤를 자신들이 섬기는 신전 안 다곤 신상 곁에 둡니다. 다음 날, 다곤 신상이 여호와의 궤 앞에서 엎드러진 것을 보고 다시 일으켜 세워 둡니다. 하지만 그다음 날 다곤 신상은 머리와 두 손목이 끊긴 채로 몸뚱이만 바닥에 엎드러져 있었습니다. 이들은 두려워서 여호와의 궤를 이스라엘 백성에게 돌려보내기로 합니다. 그때 그들이 언약궤를 수레에 실어서 보냈습니다.

하나님의 제사장이었던 아비나답과 두 아들 웃사와 아효가 언약궤를 수레에 실은 일은 그들의 영적 상태를 보여 줍니다. 그들은 하나님의 제사장이었지만 영적인 감각을 상실한 채 그 임무를 수행하는 종교 기술자가 되어 있었던 것입니다. 당시 제사장들의 예배는 죽은 지가 너무 오래되었습니다. 그들은 이방 신을 섬기는 문화에 잘 적응해서 살아가던 중이었습니다.

하나님이 언약궤를 제사장의 어깨에 메고 나르게 하셨던 이유가 있습니다. 하나님과 제사장이 친밀한 교제 속에 머물기를 원하셨기 때문입니다. 그러나 웃사와 아효는 너무 오랫동안 영적인 감각을 잃어버린 채 살아왔습니다. 반대로 세상적인 감각은 예민했을지도 모릅니다. 이것을 현대적인 이야기로 바꾼다면, 우리 차로 주님을 모신다고 하면서 트렁크에 싣고 문을 닫은 후, 우리에게 아무 간섭 마시고 축복만 해 달라는 것과 같습니다.

다곤 신상이 무너진 것과 웃사가 죽은 것은 비슷한 의미가 있습니다.

하나님은 살아 계시기에 가짜는 서 있을 수 없습니다. 껍데기와 형식은 하나님 앞에서 반드시 무너집니다. 하나님이 살아 계시기에 그렇습니다. 이 사건은 하나님의 경고입니다. 매주 예배를 드리지만 껍데기만 드리는 우리 시대를 향한 경종입니다. '너희는 어떤 예배를 드리고 있느냐?'고 물으시는 하나님의 음성 앞에서 우리는 엎드려야 합니다. 옷깃을 여미고 자신이 매주 드리는 예배를 점검해야 합니다.

이처럼 말씀이 임할 때 우리의 걸음을 잠시 멈추어야 합니다. 계속 가는 것은 위험하기 때문입니다. 말씀은 잘못된 길, 거짓된 길을 가는 우리를 멈춰 세우는 능력입니다. 히브리서 말씀처럼 우리의 마음과 생각과 그 동기를 다 드러내기 때문입니다.

신앙이 형식으로 전락하는 순간 우리 자신이 우상이 됩니다. 하나님을 예배하는 행동을 하면서 사실은 자신을 예배합니다. 하나님이 아니라 나 자신이 중심에 있기 때문입니다. 웃사는 오랫동안 그렇게 예배한 것입니다. 주님은 '이런 예배를 이제 제발 멈추라'고 경고하십니다.

말씀 앞에서 멈추어 설 수 있다면, 우리는 잘못된 길에서 돌이킬 수 있습니다. 웃사와 같은 예배자였다면 엎드려 회개하고 다시 생명의 예배로 나아갈 수 있습니다.

"하나님, 저의 예배를 살려 주십시오. 죽은 예배에서 벗어나게 해 주십시오." 멈추어 설 때 진실한 기도가 터져 나올 것입니다.

말씀 묵상의 가치가 여기에 있습니다. 성경을 읽는데 그대로 놔둘 수 없는 자신의 영적 상태가 보이는 것입니다. 깨닫게 하시기에 엎드리지 않을 수 없습니다. 말씀은 우리를 늘 하나님 앞에 홀로 서게 합니다.

하나님의 말씀은 한 사람의 영적 태도를 변화시키는 능력입니다.

아픔에도 불구하고
주님 앞에서 철저하게 변화되고 싶다면
말씀을 더 가까이 해야 합니다.
바로 그곳에서 변화가 분명하게 일어나기
때문입니다.

예배는 중심을 잡는 행위입니다

웃사가 죽는 사건이 일어나자 다윗은 언약궤의 이동을 포기합니다. 그리고 언약궤를 오벧에돔의 집에 두었는데 하나님은 오벧에돔의 집에 복을 주셨습니다. 하나님의 언약궤, 그분의 임재는 어떤 사람에게는 죽음을, 어떤 사람에게는 복을 가져옵니다. 이 사실을 명확히 아는 신앙인과 예배자가 되어야 합니다. 이것을 깨닫게 하는 것이 말씀의 역할입니다.

다윗은 다시 언약궤를 나를 준비를 합니다. 역대상에는 다시 언약궤를 나르는 모습이 상세히 나옵니다.

"다윗이 다윗성에서 자기를 위하여 궁전을 세우고 또 하나님의 궤를 둘 곳을 마련하고 그것을 위하여 장막을 치고 다윗이 이르되 레위 사람 외에는 하나님의 궤를 멜 수 없나니 이는 여호와께서 그들을 택하사 여호와의 궤를 메고 영원히 그를 섬기게 하셨음이라 하고"(대상 15:1-2).

이 말씀 앞에서 우리가 드리는 예배를 돌아보아야 합니다. 하나님과의 교제 없이 드리는 형식적인 예배는 하나님 앞에서 죽어야 합니다. 예배가 무너졌다면 다시 시작해야 합니다. 유진 피터슨은 '예배는 중심을 잡는 것'(Worship is centering)이라고 정의합니다. 하나님이 우리의 중심에 오시도록 하는 것이 예배입니다. 만일 이것을 놓치면 수많은 것들이 우리 인생의 중심을 차지하려 덤벼들 것입니다. 그러므로 예배는 다른 어떤 것도 중심을 차지하지 못하도록 하나님을 중심에 모시는 시간이어야 합니다.

"다윗이 여호와 앞에서 힘을 다하여 춤을 추는데 그때에 다윗이 베 에봇을 입었더라 다윗과 온 이스라엘 족속이 즐거이 환호하며 나팔을 불고 여호와의 궤를 메어 오니라"(삼하 6:14-15).

다윗은 언약궤가 예루살렘성으로 들어오자 힘을 다하여 춤을 추기 시작합니다. 왕의 체통과 권위는 전혀 고려하지 않은 모습입니다. 나중에 이 춤을 두고 미갈이

화를 내며 다윗을 공격합니다. 하지만 다윗은 하나님 앞에서 춤을 추었다고 말합니다.

다윗은 왜 이렇게 힘을 다하여 춤을 추었을까요? 그것도 모든 신하들이 보는 앞에서 왕의 위엄을 내려놓은 모습으로 말입니다. 춤을 추었다는 말씀에서 멈추면 사실을 아는 데에서 그칩니다. 그런데 춤추는 그의 행위에 어떤 의미나 메시지가 있지 않을까를 생각하면 묵상으로 나아갈 수 있습니다. 그래서 묵상에는 기다리는 시간이 필요합니다. 주님께 눈을 열어 달라고 구해야 합니다.

여기에서 하나님이 가르쳐 주시는 말씀이 있습니다. 다윗은 그 말씀을 춤으로 표현하고 있는지도 모릅니다. 다윗은 이스라엘 백성을 향하여 "잘 들으라. 이 나라의 왕은 다윗이 아니라 만군의 여호와 하나님이시다!"라고 소리치고 있는 것처럼 보입니다. 다윗은 언약궤를 옮기면서 만왕의 왕을 모시고 오는 것임을 전하고 있습니다. 시편은 이때 다윗이 부른 노래를 통해 그가 춤을 추며 기뻐한 의미를 알려 줍니다.

"문들아 너희 머리를 들지어다 영원한 문들아 들릴
지어다 영광의 왕이 들어가시리로다 영광의 왕이 누
구시냐 만군의 여호와께서 곧 영광의 왕이시로다
(셀라)"(시 24:9-10).

성경이 성경을 풀어 줄 때가 있습니다. 성경을 통독
하고, 성경을 알면 알수록 묵상이 깊어지는 것은 자명한
사실입니다. 시편으로 사무엘하 6장을 해석하는 순간,
다윗의 춤은 왕을 선포하는 찬양이 됩니다. 다윗은 이스
라엘 백성에게 이 나라의 왕이, 온 세상의 왕이 하나님
이심을 전하고 있습니다.

이 말씀을 읽고 묵상하면서 우리는 예배의 의미를 가
슴에 새기게 됩니다. 예배는 하나님을 우리 삶의 중심에
모시는 행동입니다. 그때 왕의 자리를 차지하고 싶어 하
던 모든 것들이 만왕의 왕이신 하나님 앞에 무릎 꿇게 될
것입니다. 말씀 묵상은 우리의 예배를 살려낼 것입니다.

우리는 말씀을 통해 비로소 자신의 중심에 무엇이

있었는지를 봅니다. 물론, 자신의 실체를 보는 것은 심히 고통스러운 일입니다. 하지만 그곳에서 변화를 구하는 기도가 터집니다. 자녀가 몹시 아플 때 어머니가 그 곁에 가장 가까이 머무르듯, 우리가 전심으로 주님을 찾을 때 반드시 우리를 만나 주십니다. 하나님이 가장 원하는 기도를 드리고 있기 때문입니다.

말씀 묵상의 축복은 우리가 하나님의 뜻대로 기도하는 법을 배운다는 것입니다. 다윗은 그 춤을 통해 하나님을 왕으로 모시라고 소리치고 있습니다. 하나님은 다윗의 춤을 통해 만왕의 왕이신 그분을 소홀히 여기지 말라고 선포하고 계십니다. 예배는 하나님을 중심에 모시는 것입니다.

모세의 한 가지 소원

묵상은 하나님의 마음을 알아 가는 시간입니다. 모세 이야기를 보면 우리를 의아하게 만드는 하나님의 태도를 보게 됩니다. 이런 장면들을 묵상할 때, 오히려 하나님의 마음을 더 깊이 생각해 보는 기회가 될 수 있습니다.

　모세는 자신이 원치 않았던 삶의 길을 걸어간 사람입니다. 40년을 바로의 공주의 아들로 왕궁에서 살았고, 그 후에는 동족을 괴롭히는 애굽 사람을 죽이고 미디안 광야로 쫓겨 가 40년을 살았습니다. 그 후 80세에 호렙산에서 하나님의 부르심을 받았으나 몇 차례 거절했습니다. 하지만 거절은 받아들여지지 않았고, 결국 그는 이스라엘 백성을 이끌고 40년 간 광야를 순례하다 약속의 땅 가나안 앞에서 인생을 마무리합니다.

　그 광야에서 수많은 사건이 펼쳐집니다. 순례라고는 하지만 방황에 가까울 만큼 혼돈과 무질서로 점철된 40년의 시간이었습니다. 백성의 불평과 원망이 하늘을 찌르고, 죽을 고비를 수차례 넘겨야 했습니다. 그 혼란스러운 말들 속에서도 모세는 하나님의 말씀을 붙들고 견뎌 냈습니다. 너무 힘든 순간에는 하나님 앞에 나아가 자신을 죽여 달라고 부르짖는 기도까지 드렸습니다.

　기적을 보며 환호성을 질렀고, 원망을 들으며 울기

도 했습니다. 구름기둥과 불기둥을 보며 하나님을 좇았고, 형제인 아론과 미리암마저 자신을 공격할 때에는 바닥을 치기도 했습니다. 하나님이 아니면 건널 수 없는 광야를 그렇게 지나왔던 것입니다.

모세오경 중 신명기는 약속의 땅을 건너편에 두고 모세가 백성에게 마지막으로 설교한 내용입니다. 거기에는 모세가 하나님께 간구하는 한 가지 소원이 나옵니다.

"그때에 내가 여호와께 간구하기를 주 여호와여 주께서 주의 크심과 주의 권능을 주의 종에게 나타내시기를 시작하셨사오니 천지간에 어떤 신이 능히 주께서 행하신 일 곧 주의 큰 능력으로 행하신 일같이 행할 수 있으리이까 구하옵나니 나를 건너가게 하사 요단 저쪽에 있는 아름다운 땅, 아름다운 산과 레바논을 보게 하옵소서 하되"(신 3:23-25).

모세는 약속의 땅으로 들어갈 수 없다는 말씀을 이미 들었습니다. 가데스에서 모세는 말씀으로 명하여 반

석에서 물을 내라는 하나님의 말씀에도 불구하고, 백성에 대한 분노로 지팡이로 바위를 두 번 쳤습니다. 이를 본 하나님은 모세가 가나안 땅에 들어가지 못할 것이라 말씀하셨습니다.

모세가 기도로 구한 것은 인간적으로 충분히 이해할 수 있습니다. 40년 동안 죽을 고생을 하면서 가나안 앞까지 왔으니, 승리의 깃발을 건너편 약속의 땅에 꽂고 싶었을 것입니다. 약속의 땅을 두 발로 밟아 보고 싶었을 것입니다. 이 말씀을 읽으면서 저 역시 그의 기도에 동의하는 마음이 컸습니다. 애초에 모세가 원해서 이스라엘 백성을 이끌고 광야로 나온 것이 아니었습니다. 그가 여러 차례 거절했음에도 불구하고, 하나님이 시키고, 하나님이 설득하시니 어쩔 수 없이 나선 길이었습니다. 그러니 약속의 땅에 들어가는 정도의 요구는 할 수 있다고 생각했습니다.

하지만 하나님의 응답은 너무도 차갑고 냉정하게 느껴집니다.

"여호와께서 너희 때문에 내게 진노하사 내 말을 듣지 아니하시고 내게 이르시기를 그만해도 족하니 이 일로 다시 내게 말하지 말라 너는 비스가 산꼭대기에 올라가서 눈을 들어 동서남북을 바라고 네 눈으로 그 땅을 바라보라 너는 이 요단을 건너지 못할 것임이니라" (신 3:26-27).

묵상의 시간은 하나님이 어떤 분이신지를 깨닫는 시간이기도 합니다. 이 일로 다시는 하나님 앞에서 말하지 말라는 음성은 차가운 냉기가 서린 듯합니다. 그러나 묵상 시간에 성급하게 결론을 내려서는 안 됩니다. 묵상에는 기다림과 기도가 필요합니다.

하나님은 왜 이렇게 냉정하고, 한편으론 당당하게 거절하셨을까요? 그렇게 고생하게 만드신 하나님이 모세의 한 가지 소원에 냉담하신 이유를 묻고 싶었습니다. 묵상은 질문하는 시간이기도 합니다. 마치 우리가 모세가 된 것처럼 질문해 보아야 합니다. 그것이 묵상의 과정입니다.

이 말씀을 묵상할 때에 하나님은 '다시 생각해 보라'

는 마음을 주셨습니다. '만일 모세가 그곳에 들어간다면 누가 영광을 받겠느냐?' 하시는 것 같았습니다. "모세!"라는 이름이 곳곳에서 터져 나왔을 것입니다. 어쩌면 영웅 모세가 탄생할 수도 있습니다. 그런데 하나님은 참으로 중요한 깨달음을 남겨 주셨습니다. '한 사람의 마지막이 하나님의 영광으로 끝나는 것이 아름답지 않겠느냐?' 누구의 영광으로 끝나는 것이 그 사람에게 성공인지를 깊이 되새기라는 응답이었습니다.

그리스도인의 인생은 마침표가 아닙니다. 쉼표를 찍고 가는 것입니다. 마침표를 찍으실 분은 하나님이심을 고백하는 순간이었습니다.

말씀 앞에서 잠잠해야 할 때가 있습니다. 그것을 붙들고 기도해야 할 때가 있습니다. 이 말씀 앞에서 우리의 마지막 시간이 하나님의 영광으로 끝나게 해 달라고 간구한다면, 주님을 닮아가는 삶으로 조금 더 가까이 나아가게 될 것입니다.

말씀 묵상은 신비롭게도 하나님의 마음을 더 알아가는 시간입니다.

예배는 하나님을 우리 삶의 중심에
모시는 행동입니다.
그때 왕의 자리를 차지하고 싶어 하던
모든 것들이 만왕의 왕이신 하나님 앞에
무릎 꿇게 될 것입니다.

고독한 길 뒤에 감추어 두신 마음

모세의 이야기는 여기에서 끝이 아닙니다. 또 한 가지 궁금한 점이 있었습니다. 모세를 가나안으로 건너가지 못하게 하신 것은 이해하고 넘어갈 수 있습니다. 하지만 그의 죽음에 관한 한 섭섭한 마음을 금할 수 없었습니다. 모세를 향한 하나님의 말씀은 신명기 마지막 장에 다시 등장합니다.

"모세가 모압 평지에서 느보산에 올라가 여리고 맞은편 비스가 산꼭대기에 이르매 여호와께서 길르앗 온 땅을 단까지 보이시고"(신 34:1).

"여호와께서 그에게 이르시되 이는 내가 아브라함과 이삭과 야곱에게 맹세하여 그의 후손에게 주리라 한 땅이라 내가 네 눈으로 보게 하였거니와 너는 그리로 건너가지 못하리라 하시매 이에 여호와의 종 모세가 여호와의 말씀대로 모압 땅에서 죽어 벳브올 맞은편 모압 땅에 있는 골짜기에 장사되었고 오늘까지 그의 묻힌 곳을 아는 자가 없느니라"(신 34:4-6).

모세의 죽음은 다른 족장들의 죽음과는 너무 달라 보입니다. 야곱이 죽었을 때 요셉은 그 시신을 가나안 땅까지 모시고 가서 장례를 치렀습니다. 하지만 40년 광야를 건너온 모세에게 하나님은 너무도 쓸쓸한 죽음을 맞이하게 하셨습니다. 신명기 34장의 본문을 읽어 보면, 그가 묻힌 곳을 아는 자도 없었다고 합니다. 이 말씀은 아무도 그의 임종을 함께한 자가 없었다는 뜻입니다.

하나님은 모세를 느보산으로 부르셨습니다. 그 봉우리 중 비스가라 불리는 봉우리 꼭대기까지 모세를 부르셨고 그곳에서 죽음을 맞게 하십니다. 평지에서 그 꼭대기까지 홀로 걸어갔음을 짐작케 하는 구절입니다. 홀로 죽으러 간다는 것은 서글픈 일입니다. 40년 동안 백성을 그렇게 힘들게 인도해 왔던 모세를 마지막에는 아무도 없이 홀로 그곳에 오라고 하신 것은 이해하기 어렵습니다.

상상할수록 마음이 아프고 저려 왔습니다. 모세가

느껴야 했을 고독감과 인간의 감정 속에 있는 비참함마저 연상되었습니다. 모세를 광야의 지도자로 세우신 하나님이 그의 마지막 시간을 이렇게 쓸쓸하게 보내게 하셨는지 기도하는 마음으로 질문했습니다. 물론 모든 질문에 즉각적으로 답이 오는 것은 아닙니다. 그래서 기다림이 필요하고, 때론 질문을 남겨둔 채 넘어가야 하는 순간도 있습니다. 이 장면은 반드시 하나님의 답을 받고 싶었습니다.

그때 하나님은 천국의 관점에서 이 장면을 깨닫게 하셨습니다. '너희가 볼 때에는 얼마나 초라하고 슬픈 장면이냐? 그의 고독을 누가 공감하지 않겠느냐? 하지만 내가 그를 혼자 걸어가도록 내버려 두었겠느냐? 그는 나와 함께 걸었다. 내가 그와 함께 걸어 주었단다.'

아무런 말도 할 수 없는 순간이었습니다. 저는 가슴 속으로 하염없이 울었습니다. 모세에게는 가장 감격스러운 시간이었는데 우리 눈에는 비참하고 슬픈 시간처럼 보인 것입니다. 상상력이 동원되었습니다. 주님의 음성이 들리는 듯했습니다. '모세야, 수고 많았다' 하시며

등을 두드려 주시는 하나님의 마음이 느껴졌습니다. 모세를 응원하는 천국의 수많은 성도들의 박수 소리가 들리는 듯했습니다.

　모세는 외로운 길을 걸어간 것이 아니었습니다. 천국의 수많은 성도들의 박수 소리를 들으며, 하나님을 독차지하며 그분과 동행하는 길이었던 것입니다. 우리 눈에는 쓸쓸한 길로 보였지만 실상은 하나님이 동행해 주시는 감추어진 길이 있음을 가슴에 새기는 시간이었습니다. 하나님을 찬송할 수밖에 없었습니다.

　내면의 기도가 터져 나오는 시간이었습니다. 저는 끝까지 하나님의 영광을 위해 살 수 있도록 도와 달라는 기도를 올려 드렸습니다. 그리고 하나님께 순종하는 길을 걷는다면, 아무리 쓸쓸하고 고독하더라도 주님이 동행해 주시는 감격스러운 길이 될 것을 믿고 걸어가는 사람이 되게 해 달라는 기도가 터져 나왔습니다. 아직도 먼 길입니다. 주님을 닮아가기에는 턱없이 모자라기만 합니다. 그러나 말씀이 있기에 조심스럽게 주님께 다가가려 합니다. 하나님의 마음 더 깊은 곳에 가까이 가 보고 싶습니다.

말씀을 붙들고 기도하는 곳에 작은 변화가 시작될 것을 믿습니다. 묵상은 주님을 닮아가는 곳에 이르러야 합니다. 끝으로 시편 119편에 있는 말씀을 기도로 함께 나누고 싶습니다.

주님, 나의 부르짖음이 주님 앞에 이르게 해 주시고,
주님의 말씀으로 나를 깨우쳐 주십시오.
나의 애원이 주님께 이르게 해 주시고,
주님께서 약속하신 말씀대로 나를 건져 주십시오.
주님께서 주님의 율례들을 나에게 가르치시니,
내 입술에서는 찬양이 쏟아져 나옵니다.
주님의 계명들은 모두 의로우니,
내 혀로 주님께서 주신 말씀을 노래하겠습니다.
내가 주님의 법도를 택하였으니,
주님께서 손수 나를 돕는 분이 되어 주십시오.
주님, 내가 주님의 구원을 간절히 기다리니,
주님의 법이 나의 기쁨입니다.

나를 살려 주셔서, 주님을 찬양하게 해 주시고,

주님의 규례로 나를 도와주십시오.

나는 길을 잃은 양처럼 방황하고 있습니다.

오셔서, 주님의 종을 찾아 주십시오.

나는 주님의 계명을 잊은 적이 없습니다.

- 시편 119:169-176(새번역)

말씀 묵상은 주님의 마음을 알고 싶은 갈망입니다. 그 갈망은 우리로 주님을 닮아가는 곳에 다다르게 할 것입니다.

말씀 묵상은 하나님과 나의 성만찬입니다

한 여행자가 숲에서 길을 잃었는데, 날은 어두워지고 그는 무서웠다. 도처에 위험이 도사리고 있었다. 돌연한 폭풍으로 숲의 적막이 가셨다. 그때 미련한 자는 번갯불을 보지만 지혜로운 자는 번갯불이 비추어 준 자기 앞에 놓인 길을 바라본다.

　　　　　　　－엘리 비젤, 《Souls on Fire》(Simon & Schuster) 중에서

우리의 삶은 매일 길을 찾고 있습니다. 문을 두드리고 있습니다. 그 걸음 속에서 우리는 인생은 능동태가 아니라 수동태라는 사실을 배웁니다. 걷고 두드리다 보면 그 행동이 기도가 됩니다. 길을 보여 주시길, 문을 열어 주시길 간구합니다. 우리는 그 기도 속에서 하나님의

말씀을 찾고 구하게 됩니다. 말씀 속에 길이 있고 열린 문이 있기 때문입니다. 그 말씀을 되새기는 것이 묵상입니다.

묵상 없는 삶은 우리 영혼을 메마르게 합니다. 깨달음이 없는 설교는 교회를 병들게 합니다.

그리스도인이라면 목회자나 평신도 모두 말씀 앞에 서야 합니다. 말씀 속으로 들어가야 합니다. 그 말씀 안에서 주님이 길어 주시는 생수로 자신을 적시는 삶이 신앙의 길입니다. 내 잔이 넘치는 그 삶을 맛보아야 합니다. 지식으로 삶이 변하지 않습니다. 말씀이 능력임을 깨달을 때 변할 수 있습니다. 깨달은 말씀을 붙들고 엎드려 기도함으로 변하는 것입니다. 멋진 말로 설교를 대신할 수 없습니다. 하나님의 교회는 사람을 변화시켜야할 능력이 필요하기 때문입니다.

> 알맹이가 없는 설교자의 말들은 사람의 영혼이 아니라 귀를 즐겁게 할 뿐입니다. 이런 설교자들은 사람들의 환심을 살 수는 있어도 그들의 회심을 이끌어 낼 수는 없습니다. 상처가 곪아서 피가 나면 비단 천으로 감싸고 향기로운 기름으로 소독하는 것보다 썩은 살을 도려내는 것이 더 낫습니다. [...] 또한 자신이 새로 만든 새로운 표현으로 말씀의 단순함을 오염시키거나 훼손하는 일이 없도록 각별히 주의해야 합니다.
>
> - 토마스 왓슨, 《묵상의 산에 오르라》(생명의 말씀사) 중에서

귀를 즐겁게 하는 말이 교회와 성도를 살아 있게 하지 않습니다. 사람을 모이게 하는 프로그램도 아닙니다. 무엇을 하든지 그 속에 감추어진 하나님 말씀의 능력이 숨쉬고 있어야 합니다. 예리한 검처럼, 때론 어머니의

품처럼 우리를 다루어 주셔야 합니다.

묵상은 우리를 살리는 시간입니다. 하나님을 만나고 그 말씀에 부딪치는 시간이기에 그렇습니다. 말씀을 읽고 기다릴 때 눈을 열어 주심으로 깨닫게 하십니다. 깨달은 말씀은 우리를 엎드려 기도하는 자리로 인도하고, 그 기도 속에서 주님을 닮아가는 열매가 맺힙니다.

성경 해석은 본디 교회의 활동이다. 이 활동의 목표는 교회가 예수 그리스도 안에서 나타나신 하나님께 무릎 꿇고 예배함으로써 본문이 말하는 실체에 참여하는 것이다. 교회는 성경을 통해 이 세상으로 뚫고 들어오는 하나님 나라 복음을 받아들이고, 이어 화해의 메시지를 선포한다. 성경은 사람들이 이해할 수 있고 연주하거나 불러야 할 악보와 같다. 따라서 교회는 기도와 예배와 신실한 증언을 행하는 공동체를 형성하여 성경을 해석한다.

우리는 이 이야기가 마지막 완성을 향해 나아가고 있다고 믿는다. 이 드라마가 완성되면, 하나님은 죽음을 물리치시고 우리 눈에서 모든 눈물을 닦아 주실 것이다. 우리는 하나님의 관점으로 우리 자신과 우리가 사는 세계를 보지 못한다. 그 점을 알기 때문에, 우리는 성경과 공동체라는 선물에 감사하며, 사랑으로 서로 잘못을 바로잡아 줄 수 있음에 감사한다. 아울러 우리는 하나님의 영이 우리를 진리로 인도해 주실 것이라는 성경의 약속에 감사한다.

- 리처드 헤이스 & 엘렌 데이비스,
《성경 읽기는 예술이다》(성서유니온) 중에서

묵상의 길은 어떤 방법론을 외워서 따라가는 것이 아니라 하나님과 늘 새롭게 만나는 것입니다. 삶의 현장이 매일 다르듯이 하나님도 우리에게 날마다 하실 말씀이 따로 있으실 것입니다. 그 말씀이 우리가 매일 먹어야 할 영혼의 양식입니다.

예수님은 십자가를 지시기 전, 떡과 포도주를 베푸시며 제자들에게 "나를 기억하라"고 하셨습니다. 소망이 주님께 있음을 가르쳐 주시기 위함이었습니다. 이제 그 성만찬의 식탁은 우리가 지켜야 합니다. 아무리 먹어도 배부르지 않습니다. 아무리 마셔도 목이 마릅니다. 그래서 우리는 주님을 기다립니다. 그 고백의 상징이 성만찬입니다.

말씀 묵상은 하나님이 준비해 두신 하늘 양식을 먹는 시간입니다. 그 속에서 하나님과 나만의 성만찬이 펼쳐집니다. 하나님과 내가 만나는 그 시간은 세상의 것들을 물리치는 시간입니다. 하나님을 생생하게 기억하는 시간입니다. 주님을 독차지하는 시간과 공간입니다. 그래서 하나님이 누구신지 깨달아 갈수록 우리는 자신을 변두리로 밀어낼 것입니다. 그리고 주님을 중심에 모시려는 갈망이 솟아오를 것입니다. 그분은 역사를 창조하시고 유지하시고 완성하실 분이기 때문입니다. 그분을 묵상하는 것은 우리에게 영광이고 기쁨입니다.

"내가 주님의 말씀에 희망을 걸고 살아가기에, 주님을 경외하는 사람들이 나를 보면, 기뻐할 것입니다"(시 119:74, 새번역).